Rudolf Voderholzer

Henri de Lubac
begegnen

Rudolf Voderholzer

Henri de Lubac begegnen

* 1896
† 1991

SANKT
ULRICH
VERLAG
GmbH

Titelbilder: privat

Die Deutsche Bibliothek – CIP-Einheitsaufnahme

Voderholzer, Rudolf
Henri de Lubac : ... begegnen / Rudolf Voderholzer. - Augsburg :
Sankt-Ulrich-Verl., 1999
(Zeugen des Glaubens)
ISBN 3-929246-44-9

© 1999 by Sankt Ulrich Verlag GmbH, Augsburg
Alle Rechte vorbehalten
Layout und Umschlaggestaltung:
Cornelia Harreiß-Kraft
Druck und Herstellung: Ludwig Auer GmbH, Donauwörth
Printed in Germany
ISBN 3-929246-44-9

LEBENSLAUF

Erster Blick auf Henri de Lubac

1896	20. Februar: Henri de Lubac wird in Cambrai (Nordfrankreich) geboren
1913	9. Oktober: Eintritt in den Jesuitenorden. Noviziat in St. Leonards-on-Sea (England)
1914	Einzug zum Kriegsdienst Allerheiligen 1917 schwere Kopfverletzung
1919–1920	Humanistische Studien in Canterbury
1920–1923	Philosophiestudium in Jersey (England)
1924–1928	Theologiestudium in Ore Place, Hastings (England) und Lyon-Fourvière (ab 1926)
1927	22. August Priesterweihe in Lyon
1929	Dozent für Fundamentaltheologie an der Kath. Universität (Institut catholique) Lyon
1931	2. Februar: feierliche Ordensgelübde
1934	Umzug nach Lyon-Fourvière
1938	Professor für Fundamentaltheologie. *Catholicisme* (dt. *Glauben aus der Liebe*)
1939	Professor für Religionsgeschichte
1940–1944	Geistiger Widerstand gegen die nationalsozialistische Herrschaft. *Corpus mysticum* und *Le drame de l'humanisme athée*
1941	Gründung der Reihe *Sources chrétiennes*
1946	*Surnaturel*. Verdächtigungen gegen de Lubac: „Nouvelle théologie"?
1950	*L'intelligence de l'Ecriture d'après Origène* (dt. *Geist aus der Geschichte*, 1968) Juni: Lehr- und Veröffentlichungsverbot durch die Ordensleitung, Verbannung aus Lyon nach Paris, Rue de Sèvres

1950	August: Enzyklika *Humani generis* von Papst Pius XII.
1951–1955	Schriften zum Buddhismus
1953	Rückkehr nach Lyon (Rue Sala). *Meditation sur l'Eglise* (dt. *Die Kirche*, 1968)
1956	Beginn der Arbeit an *Exégèse médiévale*
1958	Mitglied der „Académie des sciences morales et politiques"
1960	Rückkehr auch nach Lyon-Fourvière. Berufung in die theol. Kommission zur Vorbereitung des Konzils
1962–1965	Theologischer Experte (peritus) des Konzils. Verteidigung Teilhard de Chardins
1963	Festschrift *L'homme devant Dieu* (3 Bde.)
1969	*L'Eglise dans la crise actuelle (Krise zum Heil?)*
1969–1974	Mitglied der Internationalen Theologenkommission
1974	*Pic de la Mirandole*. Nach Schließung von Lyon-Fourvière zieht de Lubac nach Paris
1976	Dankbrief Pauls VI. zum 80. Geburtstag
1979/1981	*La Postérité spirituelle de Joachim de Fiore*
1983	2. Februar: Ernennung zum Kardinal
1985	*Entretien autour de Vatican II* (dt. *Zwanzig Jahre danach*)
1988	*Résistance chrétienne à l'antisémitisme. Souvenirs 1940–1944*
1989	*Mémoire sur l'occasion de mes écrits* (dt. *Meine Schriften im Rückblick*, 1996)
1991	Nach einem Schlaganfall der Sprache nicht mehr mächtig, stirbt Henri de Lubac am 4. September nach einer mühseligen Zeit der Krankheit in der Obhut der Kleinen Schwestern in Paris.

INHALT

I. GESCHICHTE EINES THEOLOGEN

Der Kardinal	10
Die Formung	14
Professor in Lyon	29
Zweiter Weltkrieg und geistiger Widerstand	39
Eine „Neue Theologie"?	46
Mitarbeit am Zweiten Vatikanischen Konzil	62
Lebensabend in Paris	72

II. THEOLOGIE IN DER GESCHICHTE

Paradox und Mysterium	80
Der Mensch vor Gott	93
Auf den Wegen Gottes	108
Jesus Christus: Gottes Wort und Weg zum Menschen	125
Die Kirche: Sakrament und Mutter	139
Der vierfache Schriftsinn	151
Hoffnung statt Utopie	160
Mystik	169

KURZTITEL UND LESETIPS   175

I. Geschichte eines Theologen

20.6.'05

Der Kardinal

Die internationale Wochenzeitung *Time* meldete am 16. September 1991: „Im Alter von 95 Jahren ist in Paris Kardinal Henri de Lubac verstorben, ein Spitzentheologe der französischen Jesuiten. De Lubac wurde von 1946 bis 1954 in Folge der Veröffentlichung seines Buchs *Surnaturel* mit einem Lehrverbot belegt. 1958 rehabilitiert, nahm er auf Wunsch von Johannes XXIII. am Konzil teil. Seine Beziehungen zu Rom wurden dann unter Johannes Paul II. noch intensiver, der 1980 bei einem Besuch in Paris, als er während einer Ansprache den Priester erblickte, seinen Vortrag unterbrach und sagte: ‚Ich neige mein Haupt vor Pater de Lubac'."

1983 ernannte der Papst den nunmehr 87jährigen Theologen in Anerkennung seiner Verdienste für die Theologie zum Kardinal. Diese Ehrung, die Henri de Lubac dem Jesuitenorden als ganzem widmete, war der letzte Schritt der Rehabilitierung für einen Mann, der zeitweise auch innerkirchlich unter dem Verdacht stand, den rechten Glauben durch allerhand „Neuerungen" zu verwässern und von 1950 bis 1958 – hier ist die *Time*-Meldung nicht exakt – aufgrund solcher Verdächtigungen sogar von seinem Lehrstuhl verbannt und mit dem Verbot belegt war, fachtheologische Bücher zu veröffentlichen.

Henri de Lubac und Karol Wojtyla, der spätere Papst, kannten sich bereits seit den Tagen des Zweiten Vatikanischen Konzils und schätzten einander sehr. Gemeinsam hatten sie an jenem „Schema 13" gearbeitet, aus dem schließlich die *Pastoralkonstitution über die Kirche in der Welt von heute „Gaudium et spes"* (Freude und Hoffnung) hervorgehen sollte. Mehr als durch seine unmittelbare Mitarbeit an den Texten hat de Lubac das Konzil durch seine umfangreiche theologische Publikationstätigkeit im Vorfeld des

---

DE LUBACS umstrittenstes Buch: *Surnaturel. Etudes historiques*, 1946, entlarvte die Theorie von der *natura pura* als neuzeitliches Konstrukt und stellte somit einen Angriff auf die Grundlagen der neuscholastischen Schultheologie dar. Siehe dazu im einzelnen S. 46f., 70f., S. 93–107.

Die Konzilstexte werden, wie auch andere lehramtliche Dokumente, nach ihren lateinischen Anfangsworten zitiert: *Lumen gentium, Dei Verbum, Gaudium et spes* usw. Sie finden

Konzils beeinflußt, durch die er zu einer Erneuerung der Theologie aus den Quellen der Heiligen Schrift und der Kirchenväter beigetragen hatte. Sowohl die Kirchenkonstitution *Lumen gentium* (Licht der Völker) als auch die Offenbarungskonstitution *Dei Verbum* (Wort Gottes), die theologisch wichtigsten Dokumente des Konzils, sind wesentlich von den Schriften Henri de Lubacs vorbereitet.

sich u. a. in: KARL RAHNER/HERBERT VORGRIMLER, *Kleines Konzilskompendium* (1966) 27. Aufl. 1998.

Henri de Lubac erkannte in den Begegnungen mit dem gelehrten Erzbischof von Krakau seinerseits, mit welcher außergewöhnlichen Persönlichkeit er es zu tun hatte. Die beiden werden Freunde und man korrespondiert. De Lubac schreibt ein Vorwort zur französischen Übersetzung von Wojtylas Buch *Liebe und Verantwortung*, Wojtyla läßt de Lubacs Aufsatz *Eglises particulaires et Eglise universelle* ins Polnische übersetzen. 1970 und 1971 lädt Wojtyla de Lubac nach Polen ein. Nur de Lubacs Erkrankung läßt es nicht zur schon fest geplanten Reise kommen. De Lubac erinnert sich, daß er in vertrauten Gesprächen immer wieder die Prognose geäußert hatte: „Nach Paul VI. heißt mein Kandidat Wojtyla."

„Ein Genie der Freundschaft"

Wer es unternimmt, ein Lebensbild Henri de Lubacs zu zeichnen, ist zuallererst auf die von ihm selbst in mehreren Etappen verfaßte und 1989 am Abend seines Lebens schließlich publizierte Erinnerung an die Umstände des Entstehens seiner Schriften *Mémoire sur l'occasion de mes écrits* verwiesen. Für eine eingehendere Beschäftigung mit der Person und dem Werk Henri de Lubacs wird dieses Buch für immer die maßgebliche Quelle bleiben. Über die ersten 20 Jahre seines Lebens hat de Lubac 1956/57 eigens Aufzeichnungen gemacht, die er aber nicht selbst veröffentlichte. Eine erste Folge dieser Erinnerungen ist mittlerweile aus dem Nachlaß herausgegeben

HENRI DE LUBAC, *Mémoire sur l'occasion de mes écrits;* dt. *Meine Schriften im Rückblick,* 1996 (Kurztitel = **Rückblick**) Dieses Werk enthält autobiographische Notizen sowie eine Fülle von Materialien wie Buchbesprechungen, Briefe und Tagebuchaufzeichnungen.

> HENRI DE LUBAC, *Mémoire sur mes vingt premières années* I, in: *Bulletin de l'Association Internationale Cardinal Henri de Lubac* I (1998), S. 7–31.
>
> HENRI DE LUBAC, *Résistance chrétienne à l'antisémitisme. Souvenirs 1940–1944*, 1988.

und ausführlich kommentiert worden von Georges Chantraine. Auch über die Jahre der deutschen Besetzung Frankreichs und des Zweiten Weltkriegs hat de Lubac ausführliche Erinnerungen festgehalten und 1988 veröffentlicht.

Seine eigene Person hat de Lubac stets in den Hintergrund zu rücken versucht. Dies gilt sowohl für seine Schriften als auch für seinen Lebensrückblick selbst. Nie verstand er seine Theologie als originell. Es gehört zur Ironie der Theologiegeschichte, daß ausgerechnet er von seinen Gegnern zum Wortführer einer vermeintlich „neuen Theologie", der „Nouvelle théologie" erklärt wurde. „Er hat in seinen Arbeiten diese Haltung [der Objektivität] bis an die Grenzen der Selbstauslöschung verwirklicht: manche von ihm geschriebenen Seiten sind nur noch ein Zitatengeflecht, gespickt überdies mit Anmerkungen. Er hat auf ein spekulatives Œuvre verzichtet, um wie der ‚Schriftgelehrte des Himmelreiches aus seinen Schätzen Altes und Neues' in überschwenglicher Fülle auszuteilen", so charakterisiert Xavier Tilliette de Lubacs Haltung in einer Würdigung zu dessen 80. Geburtstag. Die Wahrheit des Glaubens, die Schönheit und den Glanz der Tradition, aber auch die Lebensleistung der Freunde ins rechte Licht zu rücken war die stärkste Triebfeder seines Wirkens. „Ein Genie der Freundschaft" nannte ihn Pater Gerd Haeffner. Viele Seiten seines Rückblicks sind dem Andenken von Mitbrüdern und Freunden gewidmet. Neben seinen eigenen fast 40 Bänden hat de Lubac beinahe ebenso viele Bücher von Freunden aus dem Nachlaß herausgegeben, Vorworte und Einführungen geschrieben und Briefwechsel ediert und kommentiert. Allein sieben umfangreiche Manuskripte, allesamt fast druckfertig, von Pater Yves de Montcheuil S.J. (*1899), der im August 1944 kurz vor der Befreiung Frankreichs in Grenoble von den Nationalsozialisten ermordet wurde, hat Henri de Lubac herausgegeben

> XAVIER TILLIETTE, *Henri de Lubac achtzigjährig* in: *Internationale Katholische Zeitschrift Communio* 5 (1976), S. 187–189, hier S. 187f.
>
> GERD HAEFFNER, *Henri de Lubac*, in: Stephan Pauly (Hg.), *Theologen unserer Zeit*, 1997, S. 47–57.
>
> **S.J.** = Abkürzung für Societas Jesu (wörtlich: Gesellschaft Jesu), den Jesuitenorden.

und damit dem Vergessen entrissen. Drei umfangreiche Bücher sind der Verteidigung seines Ordensmitbruders und Freundes Teilhard de Chardin (1881 bis 1955) gewidmet. Es schmerzte ihn, daß die geplante Publikation wichtiger Werke des im Ersten Weltkrieg mit 37 Jahren gefallenen Paters Pierre Rousselot S.J. immer wieder scheiterte!

Den Dienst, den er anderen erwies, indem er ihre Schriften herausgab und bekannt machte, leistete ihm selbst ein anderer enger Freund seit den gemeinsamen Tagen in Lyon-Fourvière: Hans Urs von Balthasar (1905–1988), der bereits 1943 *Catholicisme,* de Lubacs Erstlingswerk, übertrug und dann in dem von ihm selbst gegründeten und geleiteten Johannes Verlag 1967 begann, die Gesammelten Werke de Lubacs in deutscher Sprache herauszubringen. Somit sind fast alle Hauptwerke auf deutsch zu erhalten, dank der stilistischen Brillianz Hans Urs von Balthasars in kongenialer Übersetzung. Von dem vierbändigen *Exégèse mediévale* ist erst neuerdings die von Henri de Lubac selbst zusammengestellte Kurzfassung *L'Ecriture dans la Tradition* (1966) unter dem Titel *Typologie. Allegorie. Geistiger Sinn* in deutscher Übersetzung (ebenfalls im Johannes Verlag) erschienen.

Obwohl somit das Werk von Henri de Lubac in seinen wichtigsten Teilen dem deutschsprachigen Leser zugänglich ist, ist er hierzulande – gemessen an Umfang und Bedeutung seines Werks – nur einem begrenzten Kreis von Fachleuten wirklich bekannt. Wer also war Henri de Lubac? Welches sind seine wichtigsten Werke? Wann und in welchen Zusammenhängen sind sie entstanden? In welcher Weise und durch welche Erkenntnisse hat er das Zweite Vatikanische Konzil vorbereitet? Wie stand er zur Entwicklung nach dem Konzil? Zu welchen theologischen Themen hat er bleibend Gültiges zu sagen?

Pierre Rousselot S.J. (1878–1915), Prof. für Dogmatik in Paris. Seine Doktorarbeit *L'intellectualisme de saint Thomas,* ein Meilenstein in der Wiedergewinnung der ursprünglichen Auffassungen des Thomas, hat de Lubacs Zugang zur Theologie maßgeblich beeinflußt. Zu Rousselot vgl. E. Kunz, *Glaube. Gnade. Geschichte,* 1969.

Henri de Lubac, *Catholicisme. Les aspects sociaux du dogme* (1938). In der Übers. v. Balthasar unter dem Titel *Katholizismus als Gemeinschaft* (1943), als *Glauben aus der Liebe* 1970 in 2. Aufl. erschienen (Kurztitel = **Glauben aus der Liebe**).

Henri de Lubac, **Typologie. Allegorie. Geistiger Sinn.** Studien zur Geschichte der christlichen Bibelhermeneutik. Übers. v. Rudolf Voderholzer, 1999. (Kurztitel = **Typologie. Allegorie. Geistiger Sinn**)

Die Formung

Henri de Lubac wurde am 20. Februar 1896 im nordfranzösischen Cambrai als drittes von insgesamt sechs Kindern von Maurice Sonier de Lubac (1860–1936) und Gabrielle de Beaurepaire (1867–1963) geboren. Obwohl der Vater de Lubacs aus der Gegend südlich von Lyon stammte, hatte es ihn beruflich (er arbeitete bei der Banque de France) in den Osten und Norden, von 1895–1898 nach Cambrai verschlagen. Dies hatte nach Georges Chantraine folgenden Hintergrund: Aufgrund des Gesetzes vom 29. März 1880 wurden Ordensgemeinschaften aus ihren Niederlassungen vertrieben. In Lyon kam es am 3. November 1880 anläßlich der Vertreibung der Kapuziner zu Ausschreitungen, in deren Verlauf ein Demonstrant getötet wurde. De Lubacs Vater begleitete mit Freunden die vertriebenen Patres und wurde in eine Schlägerei verwickelt. Dabei verletzte er mit einem Schwertknauf einen Gegendemonstranten leicht im Gesicht. Er wurde deshalb zu einer Gefängnisstrafe und einer Geldbuße von 16 Francs verurteilt. Das Berufungsgericht in Lyon erkannte auf Notwehr, ahndete jedoch das unerlaubte Tragen einer Waffe und hielt an der Geldstrafe fest. Im Hause Sonier wurde diese Verurteilung als Ehre betrachtet. Maurice de Lubac zog es allerdings vor, Lyon erst einmal den Rücken zu kehren, bevor die Familie 1898 nach Bourg-en-Bresse, und schließlich 1902 nach Lyon zurückkehrte.

Über seine Eltern und seine Familie schreibt de Lubac in seinem Rückblick: „Meine Eltern waren wenig begütert. (...) Sie haben uns nach den Grundsätzen strenger Sparsamkeit erzogen, aber ihre Zärtlichkeit hat uns ganz umgeben. Meine Mutter war eine einfache Frau. Ihre ganze Erziehung hatte sie nach der Sitte der Zeit auf dem Lande bei Heimsuchungsschwestern erhalten. Ihre ganze Kultur gründete in der Tradition und in der christlichen Frömmigkeit. Ich habe nur Selbstlosigkeit und Güte an ihr gesehen. Nach dem Tod meines

GEORGES CHANTRAINE U. A., Fußnote 16 zu *Henri de Lubac, Mémoire sur mes vingt premières années*, S. 15.

DIE FORMUNG

Vaters, der sich in der täglichen Arbeit aufgerieben hatte, sagte sie mir eines Tages: ‚wir haben nie die geringste Meinungsverschiedenheit gehabt'" (Rückblick, S. 485).

Kindheit und Schulzeit

Seine Kindheit verbrachte Henri de Lubac in Bourg-en-Bresse und Lyon, seine Schulausbildung erhielt er in verschiedenen von Orden geführten Instituten: zunächst 1901/02 bei den Christlichen Schulbrüdern in Bourg-en-Bresse, dann bis 1904 unter derselben Obhut in Lyon. 1905 wechselte er auf das von Jesuiten geführte Gymnasium St. Joseph in Lyon über. 1909 bis 1911 setzte er seine Studien in dem als Eliteschule bekannten Jesuitenkollegium Notre-Dame de Mongré in Villefranche-sur-Saône etwa 25 km nördlich von Lyon fort. Wenige Jahre zuvor (1897) hatte in Mongré der junge Teilhard de Chardin mit einem glänzenden Abschlußzeugnis absolviert. Zur bevorzugten Lektüre des Schülers de Lubac gehören die Werke der zeitgenössischen katholischen Autoren Charles Péguy und Paul Claudel, des römischen Dichters Vergil und auch des russischen Romanschriftstellers Dostojewskij. Die Zeit in Villefranche war für den weiteren Lebensweg Henri de Lubacs von großer Bedeutung. Unter der geistlichen Begleitung von Pater Eugène Hains S.J., dem er zeitlebens große Wertschätzung entgegenbrachte, erwacht in ihm die Berufung zu einem Leben in der besonderen Nachfolge Jesu (vgl. Rückblick, S. 574). Doch zunächst gilt es die Schulausbildung abzuschließen. Ab 1911 studierte de Lubac am Kollegium Moulins Bellevue und erwarb 1912 das Baccalaureat und damit die Hochschulreife. Er belegt zwei Semester Jura an der Katholischen Universität von Lyon (*Institut Catholique*) und bittet dann im Herbst 1913 bei der Gesellschaft Jesu um Aufnahme. Das *Noviziat*, in das er am 9. Oktober 1913 eintritt, befindet sich in diesen Jahren nun allerdings nicht in

Vgl. HENRI DE LUBAC/JEAN BASTAIRE, *Claudel et Péguy*, 1974.

Das *Noviziat* dient dazu, sich in die Spiritualität des Ordens einzufinden und die eigene Lebens- und Berufsentscheidung zu überprüfen.

Frankreich, sondern in St. Leonards-on-Sea, einem Vorort von Hastings an der englischen Kanalküste. Wer in diesen Jahren in die Jesuitenprovinz Lyon oder auch eine andere der insgesamt vier französischen Provinzen eintrat, mußte, nicht um bewußt und gezielt Auslandserfahrung zu sammeln, sondern aus politischen Gründen, zu Noviziat und Studium nach England. Dies ist bezeichnend für die Situation der Kirche in Frankreich in diesen Jahren. Sie muß als Verständnishintergrund für das Werk de Lubacs immer auch mitbedacht werden. Sie ist vom Stichwort *séparation,* „Trennung" gekennzeichnet.

Das geistige Klima

Séparation charakterisiert nicht nur, unter politischer Rücksicht, das Verhältnis von Kirche und Staat, sondern auch, geistig, das Verhältnis von Philosophie und Theologie, natürlicher Ordnung und übernatürlich-gnadenhafter Ordnung.
War Frankreich einst als „älteste Tochter Roms" für seine Treue und Verbundenheit mit der Kirche gerühmt worden, so hatte die Entwicklung des 18. Jahrhunderts und an seinem Ende die Französische Revolution das Verhältnis von Kirche und Staat zutiefst zerrüttet. Die Katholiken und besonders natürlich den Adel prägte ein abgrundtiefes Mißtrauen gegen alle republikanischen Strömungen, die Anhänger der Republik umgekehrt erfüllte tiefe Abneigung, ja oft geradezu leidenschaftlicher Haß gegen die Kirche und ihre Institutionen, insbesondere gegen den Jesuitenorden. Zwar hatte sich das Verhältnis zwischen Kirche und Staat durch das Konkordat von 1801/02 und dann nach der Restauration 1814/15 im Laufe des 19. Jahrhunderts wieder verbessert. Seit 1832 können die Jesuiten, die nach der Aufhebung des Ordens durch Clemens XIV. von 1773 im Jahre 1814 als Orden überhaupt erst wiederhergestellt worden waren, auch in Frankreich

Der **Jesuitenorden** heißt eigentlich *Gesellschaft Jesu – Societas Jesu,* abgekürzt S.J.; gegründet von Ignatius von Loyola (1491–1556), 1540 vom Papst bestätigt. Neben den drei Gelübden Armut, Ehelosigkeit, Gehorsam besondere Verfügbarkeit für die Aufgaben des Papstes.

wieder stärker Fuß fassen. Das Jahr 1850 brachte das Gesetz zur vollen Unterrichtsfreiheit und leitete eine Phase der Konsolidierung ein. Doch gegen Ende des 19. Jahrhunderts verschärften sich die Spannungen wieder allenthalben. Schon 1880 wurde auch den Jesuiten als staatlich nicht anerkannter Genossenschaft per Gesetz das Recht wieder genommen, Unterricht zu erteilen. 37 Kollegien wurden aufgelöst. Die zum Teil gewaltsam Vertriebenen wandten sich nach England, Belgien, Spanien oder gingen in die Missionen. Ein Teil der Priester konnte sich in Frankreich halten. Die Bevölkerung in den traditioneller geprägten Gebieten Frankreichs war den Jesuiten allerdings weit mehr gewogen als die Legislative und betrachtete das Gesetz für ungültig. So konnten unter dem Schutz der öffentlichen Meinung in beschränktem Maße Kollegien weitergeführt werden.

Die 90er Jahre sind geprägt vom Bemühen republikanisch gesinnter Katholiken um eine Annäherung an den Staat. Ihre Politik des *ralliement* (Aussöhnung) wird von Papst Leo XIII. ausdrücklich gefördert. Am Ende steht jedoch 1898 das Scheitern und eine zunehmende Polarisierung der Gesellschaft.

Die christlichen Demokraten, selbst nicht einig, können weder bei den Wahlen 1893 noch 1898 einen nennenswerten Erfolg verbuchen. Im Juni 1898 werden sie von der Regierungsbeteiligung ausgeschlossen. Als am 26. Juni 1899 Pierre Waldeck-Rousseau mit seiner Koalition der „Republikanischen Konzentration" die Regierungsverantwortung übernimmt, kommt ein dezidiert antikirchliches Programm zum Zuge.

Einen schweren Rückschlag hatte die Aussöhnungspolitik durch die Affäre um den französisch-jüdischen Artillerie-Offizier Alfred Dreyfus erhalten. Er war 1894 wegen angeblichen Verrats militärischer Geheimnisse an Deutschland zu lebenslänglicher Deportation verurteilt worden. Waldeck-Rousseau läßt den Prozeß wieder aufnehmen. 1899 kommt es allerdings nur zu einer Reduzierung der Strafe und einer Begnadigung, nicht zu Freispruch und Rehabilitierung (erst 1906), wofür die Republikaner sogleich den Einfluß der katholischen Rechten und ihrer antisemitischen Tendenzen verantwortlich machen. Die Politik der Versöhnung scheitert, und die Fronten zwischen antiklerikalen Republikanern einerseits und katholischer Kirche andererseits verhärten sich, wobei die kirchliche Seite selbst in eine nationale Richtung *(Action française)* und eine (kleinere) der Demokratie aufgeschlossene Gruppierung gespalten ist.

Émile Combes, seit 1902 Nachfolger Waldeck-Rousseaus, setzt dessen Politik fort. In den Jahren 1903–04 werden 20.000 Ordensleute aus Frankreich ausgewiesen, was beispielsweise in Lyon und Nantes Protestdemonstrationen der Bevölkerung veranlaßt, in deren Verlauf es wieder Tote gibt. Unter Papst Pius X. (1903–1914) werden 1904 die diplomatischen Beziehungen zwischen dem Heiligen Stuhl und dem französischen Staat abgebrochen, 1905 das Konkordat aufgehoben, das seit 1801/02 das Verhältnis zwischen Kirche und Staat geregelt hatte. Trotz gewisser staatlicher Mitspracherechte in kirchlichen Angelegenheiten hatte dieses Konkordat der Kirche in Frankreich bis dahin Wirkmöglichkeiten eingeräumt und die materielle Basis gesichert. Per Gesetz vom 11.12.1905 wird die vollkommene Trennung von Kirche und Staat besiegelt.

Zur Trennung auf geistiger Ebene gesellte sich also die Trennung auf der gesellschaftlichen Ebene. Dabei ist die Trennung auf geistiger Ebene die grundlegendere. Sie hat auch die moderne Säkularisierung im Sinne einer Selbstbeschränkung des politisch-gesellschaftlichen Bereiches und ihre Abschottung gegenüber jeglichem religiösen Einfluß mit hervorgebracht. De Lubacs provozierende These lautet, daß daran nicht allein die neuzeitliche Philosophie schuld trägt, sondern auch die Theologie selbst durch ihre scharfe Grenzziehung von Natur und Übernatur (vgl. Freiheit der Gnade II, S. 240). Diese aus den Analysen von *Surnaturel* sich ergebende Einsicht barg enormen Zündstoff und löste entsprechende Erschütterungen aus, die sich über de Lubac in Form von massiven Verdächtigungen und Beschuldigungen entladen sollten.

Gnade: Grundbegriff der Theologie: Gnade ist zunächst Gott selbst, der sich seinen Geschöpfen frei und ungeschuldet in Liebe zuwendet (*ungeschaffene Gnade*). Von *geschaffener Gnade* spricht man insofern, als Gott im Geschöpf die Bedingungen der Annahme der göttlichen Zuwendung schafft.

Zum Kurztitel **Freiheit der Gnade** vgl. Randnote S. 70.

Zwei-Stockwerk-Denken

Séparation, Trennung also auch auf geistigem Gebiet. De Lubac spricht immer wieder von einer *philosophie séparée* oder von einer *théologie séparée,* was schwer zu übersetzen ist (wörtlich: getrennte Philosophie und Theologie). Im Deutschen hat sich für das Gemeinte das Bildwort vom *Zwei-Stockwerk-Denken* eingebürgert. Damit ist gemeint, daß zur natürlichen Ordnung unvermittelt die übernatürliche Ordnung der Gnade hinzukommt, ohne daß eine innere Zuordnung beider Ebenen („Stockwerke") aufgezeigt werden kann. Die Gnade Gottes trifft auf den Menschen, der diese Gnade aufgrund der göttlichen Autorität anzunehmen hat. Um der Gnade ihren Geschenkcharakter zu wahren, meinte man in einer sich seit dem 17. Jahrhundert durchsetzenden Theologie der *natura pura,* daß der Mensch prinzipiell auch ohne die Gnade in einer natürlichen Glückseligkeit vollendbar sei, die nicht in der Anschauung Gottes besteht. War man sich anfangs noch dessen bewußt, daß damit eine Abkehr von der Tradition des Thomas von Aquin und mit ihm der ganzen Theologie vor ihm markiert war, wurde diese Auffassung von da an mehr und mehr zur Selbstverständlichkeit und man hielt sie seit dem 17. Jahrhundert schließlich für die Theologie des hl. Thomas selbst. Die Unterscheidung von Natur und Übernatur im Sinne zweier unvermittelter Ordnungen war einer der Grundpfeiler der sog. *neuscholastischen Theologie,* die seit dem späten 19. Jahrhundert an den katholischen Hochschulen als die Schultheologie galt und von den führenden Jesuiten- und Dominikanergelehrten auch vertreten wurde. Man spricht seit Maurice Blondel, der den Begriff 1904 in seinem Buch Geschichte und Dogma ausdrücklich als Wortneuschöpfung (S. 8) einführte, in diesem Zusammenhang von *Extrinsezismus.* Dieser Begriff setzte sich erstaunlich schnell durch. Die Überwindung des *Extrinsezismus* ist das Grundanliegen, in dem Henri de Lubac, Karl Rahner und

Hl. **Thomas von Aquin** (1225–1274): bedeutendster Theologe der Scholastik. Dominikaner. Kirchenlehrer. Seine philosophischen und theologischen Schriften haben in der Theologie höchstes Ansehen und sind vor allen anderen zum Studium empfohlen.

> **Karl Rahner**, S.J., 1904–1984, Professor für Theologie; zu seinem Leben und Werk vgl. Michael Schulz, *Karl Rahner begegnen*, 1999. Sein Buch *Hörer des Wortes* ist als Band 4 der *Sämtlichen Werke* Karl Rahners erschienen.

mit ihnen viele weitere Theologen des 20. Jahrhunderts übereinkommen. *Extrinsezistisch* nennt man ein Offenbarungsverständnis, daß die göttliche Selbstmitteilung rein „von außen" *(extrinsece)* auf den Menschen treffen läßt, ohne daß vom Empfänger der Offenbarung her deutlich gemacht werden könnte, inwiefern er auf diese Offenbarung ausgerichtet ist, prinzipiell „Hörer des Wortes" ist, wie Karl Rahner später sagen wird.

Neben diese Trennung von Philosophie und Theologie, zu der sich vor allem im späten 19. Jahrhundert die Spannung von Naturwissenschaften und Theologie gesellte, trat, aufgrund einer noch viel weiter zurückliegenden Weichenstellung auch noch eine Trennung innerhalb der Theologie selbst: die Trennung von Theologie und Spiritualität (vgl. Freiheit der Gnade I, S. 305). Alle diese Trennungen hat de Lubac und mit ihm viele seiner Zeitgenossen schmerzlich erfahren.

Was die Trennung von Philosophie und Theologie, von Natur und Gnade betrifft, so beginnt vor diesem Hintergrund zuallererst richtig zu leuchten, was „katholisch" heißt. Katholisch im Sinne von „das Ganze umfassend", universell, beinhaltet wesentlich, gerade diese Trennung aufzuheben, nicht im Sinne einer billigen Angleichung an die Welt, sondern im Sinne einer Sicht von Mensch und Gesellschaft im Licht der Offenbarung, die den letzten Fragen des Menschen und den tiefsten „Anforderungen" seines Geistes entgegenkommt. Wahre Katholizität (im Unterschied zu Katholizismus) führt zu einem Menschenbild, das den einzelnen wie die Gesellschaft über sich erhebt und vollendet. Katholisch sein heißt, die Vernunft nicht abzulehnen, sondern sie als die Antenne zu begreifen, mit deren Hilfe die Offenbarung Gottes empfangen werden kann.

> Vgl. Eugen Maier, *Einigung der Welt in Gott. Das Katholische bei Henri de Lubac*, 1983.

Alle die genannten Trennungen können sich nur jeweils zum größten Schaden beider Seiten auswirken.

DIE FORMUNG

Modernismus

Sich den Herausforderungen der modernen historischen Wissenschaften (die besonders in der sog. *liberalen* protestantischen *Theologie* eine beherrschende Rolle eingenommen hatten), der säkularisierten Philosophie und Religionskritik sowie auch den Ergebnissen der Naturwissenschaften zu stellen und sich nicht nur auf gesicherte Glaubenspositionen zurückzuziehen, war in den Jahren um die Jahrhundertwende das Anliegen vieler. Nicht allen ist dies so gelungen, daß dabei das Glaubensgut und die Prinzipien katholischer Lehre unversehrt geblieben sind. Damit ist ein weiteres Stichwort angesprochen, das einer Erläuterung bedarf: Modernismus. Der Begriff ist ein Schlagwort zur Charakterisierung bestimmter theologischer Auffassungen, der dann jedoch von den Betroffenen oft zur Selbstbezeichnung übernommen wurde. Durch das Dekret *Lamentabili* vom 6. Juli 1907 und dann vor allem durch die Enzyklika Papst Pius X. *Pascendi dominici gregis* vom 8. September 1907 wurde der Modernismus systematisch dargestellt und verurteilt. Als modernistisch gelten der Enzyklika der *Agnostizismus* und *Immanentismus,* die Behauptungen, die Heilige Schrift enthalte auch Irrtümer, sei von Menschen verfaßt und deshalb nicht vom Heiligen Geist erfüllt, schließlich die Behauptung, die Glaubenslehre habe sich im Laufe der Zeit von den biblischen Grundlagen entfernt (Diskontinuität in der Dogmenentwicklung). Als Hauptproblem erscheint eine allzu unkritische Akzeptanz der *historisch-kritischen Exegese,* deren damalige Ergebnisse man gegen die traditionelle kirchliche Lehre auszuspielen versuchte. Als bedeutendster Vertreter des *Modernismus* gilt gemeinhin der französische Exeget Alfred Loisy (1857–1940), der in seinem 1902 veröffentlichten Buch *L'Evangile et l'Eglise* (Das Evangelium und

Für den **Agnostizismus** ist die menschliche Vernunft unfähig, sich zu Gott zu erheben und seine Existenz aus den geschaffenen Dingen zu erkennen.

Für den **Immanentismus** entspringt Religion einem „inneren" (immanenten) Gefühl. Demzufolge käme auch die Offenbarung nicht „von außen" (von Gott) auf den Menschen zu.

Historisch-kritische Exegese ist die Erforschung der Heiligen Schrift mit den Methoden der Geschichts- und Literaturwissenschaft. Ihre Ursprünge im 17. Jh. sind belastet von der *deistischen* Leugnung der Offenbarung. Dies betrifft die phil. Grundlagen und die ungerechtfertigten Schlußfolgerungen daraus, nicht die Methode selbst. Vgl. S. 158. Zum *Deismus* vgl. Randnote S. 127.

21

die Kirche) die katholische Kirche und deren Auffassungen vom Ursprung der Kirche im Wirken Jesu gegen die Kritik in Adolf von Harnacks *Wesen des Christentums* zu verteidigen versucht hatte. „Jesus verkündete die Botschaft von der Gottesherrschaft. Und es kam die Kirche." Mit dieser berühmten Formulierung, die Loisy nicht abwertend gemeint hatte, war allerdings die Kontinuität zwischen der Kirche und dem Wirken Jesu nicht gewahrt und der protestantischen Exegese ein zu großes Zugeständnis gemacht. Für wie bedrohlich die Gefahr des *Modernismus* von seiten des kirchlichen Lehramtes gehalten wurde, zeigt die Einführung des *Antimodernisteneides* 1910, der (bis 1967) von allen Klerikern geleistet werden mußte.

Geschichte und Dogma

Das epochale Werk, das letztlich einer wirklichen Neubegegnung von Kirche und Welt den Boden bereitete, war *L'Action* von Maurice Blondel. Diese etwa einer heutigen Habilitationsschrift vergleichbare, an der philosophischen Fakultät an der Sorbonne in Paris 1893 eingereichte Arbeit wies auf, wie die Dynamik des menschlichen Daseinsvollzugs in Vernunft und Wille derart über sich hinauszielt, daß sie letztlich mit Notwendigkeit fragt nach einer möglicherweise in der Geschichte sich ereignenden Offenbarung Gottes.

Zwar wurde auch Blondel des Modernismus verdächtigt und sein oft leidvoller Weg ist in mancher Hinsicht demjenigen de Lubacs vergleichbar. Tatsächlich stellt Blondels *Geschichte und Dogma* (1904) die wohl fundierteste Auseinandersetzung mit einem der Hauptprobleme des Modernismus dar. Blondel zeigt in Auseinandersetzung mit Harnack und Loisy die philosophischen Voraussetzungen und die daraus resultierenden „Mängel" einer sich selbst genügenden historisch-kritischen Exegese auf.

Maurice Blondel (1861–1949), katholischer Philosoph, lehrte in Aix-en-Provence. Doktorarbeit: *L'Action* (1893), dt. *Die Aktion*, 1965; Auswahl: *Logik der Tat*, 1986 (Kurztitel = **Logik der Tat**). *Histoire et Dogme*, 1904, dt. *Geschichte und Dogma*, 1963.

Über Blondel und seine Beziehung zu Henri de Lubac vgl. ANTONIO RUSSO, *Teologia e dogma nella storia*, 1990.

Maurice Blondel wurde der Hoffnungsträger mehrerer Generationen junger katholischer Intellektueller. *L'Action* wurde per Hand abgeschrieben und weitergereicht. Auch Henri de Lubac sollte von Maurice Blondel entscheidende Inspiration erfahren und das Grundanliegen des Philosophen von theologischer Seite her unterstützen. Er hat den Impuls, der von Blondel ausging, in die Theologie hineinvermittelt. Durch ihn sowie durch Pierre Rousselot (1878–1915) und Joseph Maréchal (1878–1944) wurde auch die deutsche Theologie, allen voran Karl Rahner (1904–1984), dessen Werk ohne diese Vorarbeit in Frankreich nicht zu denken ist, beeinflußt. Somit ist in groben Zügen die Kulisse skizziert, vor der sich das Leben und Wirken de Lubacs abspielen sollte. Sein Ausbildungsweg wird 1914 durch den Krieg unterbrochen.

Krieg und Verwundung

Wie alle französischen Kleriker wird auch de Lubac 1914 zum Kriegsdienst eingezogen. 1915–1918 steht er mit dem 3. Infanterie-Regiment in Antibes, Cagne-sur-Mer und vor allem in Côte des Huves Les Eparges (nahe bei Verdun) an der Front. An Allerheiligen 1917 wird er schwer am Kopf verwundet. An den Nachwirkungen dieser Kriegsverletzung wird er zeitlebens zu leiden haben. Erst eine Operation 1954 scheint nennenswerte Linderung gebracht zu haben, indem sie de Lubac von den ständigen Schwindelanfällen und der Gefahr drohender Hirnhautentzündung erlöste (Rückblick, S. 25).
Bezeichnend für den missionarischen Grundimpuls der Werke de Lubacs ist, daß ein befreundeter, geistig aufgeschlossener, allerdings ungläubiger Kriegskamerad de Lubac zu einer ersten literarischen Tätigkeit anregt. Um modernen Menschen wie diesem Kameraden etwas an die Hand geben zu können, notiert sich de Lubac einige Gedanken und sammelt Texte aus der großen theologischen Tradition, die ihm geeignet erscheinen, aufgeweckten Zeitgenossen jenseits aller verstaubten Kirchenerfahrung die Augen zu öffnen für

> HENRI DE LUBAC, ***De la connaissance de Dieu*** (1945), dt.: *Vom Erkennen Gottes,* 1949; überarbeitet: *Sur les chemins de Dieu* (1956), dt. 1958 *Über die Wege Gottes,* 1992 *Auf den Wegen Gottes.*

die wahre Bedeutung und Schönheit des Glaubens an Gott und des Lebens in der Kirche. Viele Jahre später sollten diese Notizen den Grundstock bilden für das Büchlein *De la connaissance de Dieu* (1945). De Lubac weist darin alle „psychologischen" Deutungen der Gottesidee und ihrer vermeintlichen Entwicklung zurück. Die ersten beiden Fassungen trugen die Widmung: „Meinen glaubenden Freunden, auch jenen, die glauben, nicht zu glauben."

Philosophiestudium

> Hl. **Augustinus**: * 354 in Nordafrika, 387 Taufe, 391 Presbyter, 396 Bischof von Hippo; Kirchenlehrer. Seine *Confessiones* (Bekenntnisse) schildern seinen Weg zum christlichen Glauben.

Nach der Demobilisierung 1919 nimmt de Lubac den ordensüblichen Ausbildungsweg auf. Er begann mit humanistischen Studien im St. Marys College in Canterbury. Doch statt sich intensiv den alten Sprachen Latein und Griechisch zu widmen, verschlingt de Lubac, durch die Kriegsjahre „geistig ausgehungert", Augustins *Confessiones* und begeistert sich für die drei letzten Bücher von *Adversus haereses* des Irenäus von Lyon. Nicht weniger richtungweisend für das spätere Studium wurde ihm hier die Lektüre der Doktorarbeit Pierre Rousselots über den *Intellectualisme de saint Thomas* sowie der Artikel (vom Umfang eines ganzen Buches: 250 Spalten!) *Jésus-Christ* von Léonce de Grandmaison S.J. in dem von d'Alès herausgegebenen *Dictionnaire apologétique*. Daß er nicht besser Griechisch gelernt hat, sollte er später noch bereuen, als ihm zunehmend die überragende Bedeutung des Origenes bewußt wurde, für dessen Lektüre er vor allem auf die lateinischen Übersetzungen vor allem Rufins angewiesen war.

> Der hl. **Irenäus von Lyon** († 202), Bischof von Lyon, setzte sich in den 5 Büchern *Adversus haereses* (gegen die Häresien) mit der fälschlich sog. Gnosis auseinander. Erste systematische Darstellung des christlichen Glaubens, lt.-dt. Ausgabe in der Reihe *Fontes christiani* 1993 ff.

Das dreijährige Philosophiestudium (1920–1923) absolvierte de Lubac im englischen Jersey. In dieser Zeit las er, zusammen mit seinem Mitbruder Robert Hamel († 1974), mit Begeisterung die Werke Blondels. Dies war nur deshalb möglich, weil sich einige seiner Lehrer über das Verbot der Schriften Blondels (wegen des Verdachts auf Modernismus) in den Häusern der Jesuiten hinwegsetzten. Als de Lubac 1922 zur Ausheilung eines Ohrenleidens von den Oberen auf das Landgut „La Felicité" in der Nähe von Aix geschickt wird, nützt er den Aufenthalt zu einem Besuch des verehrten Philosophen. Ein Vertrauter Blondels, Auguste Valensin, mit dem de Lubac seit der Zeit seines Noviziats befreundet ist, vermittelt die Begegnung. De Lubac erkennt seine eigenen Eindrücke wieder in einem unveröffentlichten Blondel-Portrait von Antoine Denat, das auf einen Besuch bei dem Philosophen im Jahre 1935 reflektiert: „Vom ersten Augenblick an begriff ich in seiner Gegenwart, was eine als Priestertum verstandene Lehrtätigkeit bedeutet (...). Es gab in der geduldigen Stimme und in der hohen Eloquenz Maurice Blondels Modulationen der Güte, der Liebe, der Urbanität im großen Sinn des Wortes, die ich selten in einem so hochentwickelten und verfeinerten Maß bei der Kirche nahestehenden Leuten gefunden habe. Im Gespräch mit diesem angeblich großen geistigen ‚Kämpfer' war nichts von Verbitterung zu spüren (...). Ich verließ Maurice Blondel nicht nur erleuchtet, sondern im Frieden, und beim Lesen seiner langen, mehr gesprochenen als geschriebenen Arbeiten fand ich diese unendliche zugleich milde und unerbittliche Geduld wieder, die schließlich über alles triumphiert hat" (zitiert nach Rückblick, S. 25). Diesem ersten Zusammentreffen sollten sich 1938 weitere Besuche und zuvor schon ein Briefwechsel anschließen, der die tiefe innere Übereinstimmung de Lubacs mit Blondel in der entscheidenden Frage nach der übernatürlichen Bestimmung der geschaffenen Geistnatur dokumentiert. In einem Brief vom 3. April 1932 bekennt de Lubac ausdrücklich, daß er elf Jahre zuvor, also zu Beginn seines Philosophiestudiums, durch die Lektüre Blondels angeregt wurde, das Problem von *Surnaturel* zu durchdenken. Ein Satz aus einem

Auguste Valensin S.J., 1879–1953, seit 1920 Prof. für Philosophie an der Katholischen Universität Lyon. Kollege, Freund und in den ersten Jahren Wohnungsnachbar de Lubacs. Befreundet mit Teilhard de Chardin und Blondel. De Lubac edierte ihren Briefwechsel: *Maurice Blondel et Auguste Valensin Correspondance,* 3 Bde. 1957 und 1965, sowie, 1961: *Textes et Documents inédits.*

Brief von Valensin an Blondel mag die überragende Bedeutung veranschaulichen, die der Philosoph bei den Scholastikern, d.h. den Jesuiten im Studium, spielte: „von Aix aus leiten Sie [!] das Scholastikat von Ore, Sie gewinnen jeden Tag mehr an Einfluß (...). Das wird den Pater General beunruhigen."

Nach dem Philosophiestudium schließt sich in der Ausbildung der Jesuiten eine Zeit praktischer Tätigkeit in einer Institution des Ordens an. Darin soll nicht nur der Kontakt mit der Lebens- und Arbeitswelt der Menschen gesucht, sondern auch die Möglichkeit geboten werden, die mittlerweile erworbenen Fähigkeiten und Kenntnisse einer Bewährungsprobe auszusetzen. De Lubac kehrte hierzu an die Schule zurück, in der er selbst wichtige Prägungen für seinen geistlichen Weg empfangen hatte: Im Jesuiten-Kollegium Notre-Dame de Mongré in Villefranche arbeitete er als Assistent des Studienpräfekten.

Zum sich anschließenden Theologiestudium müssen die Jesuitenstudenten 1924 noch immer zurück nach England.

<small>Zitiert bei ALBERT RAFFELT, *Maurice Blondel und die katholische Theologie in Deutschland*, in: ALBERT RAFFELT u.a.: *Das Tun. Der Glaube. Die Vernunft. Studien zur Philosophie Maurice Blondels*, 1995, S. 180–205, S. 186.</small>

Theologiestudium

Nach der Ausweisung der Jesuitenhochschulen aus Frankreich war die Theologie zunächst nach Canterbury gegangen. 1907 hatte man dann aber auf einem Hügel oberhalb von Hastings einen neuen Gebäudekomplex – Ore Place – gebaut und das Theologiestudium dorthin verlegt. Erst 1926 konnte es wieder nach Lyon-Fourvière zurückkehren. So studierte de Lubac zunächst zwei Jahre in Ore Place. Rückblickend sprach er lobend und voller Dankbarkeit von dieser Zeit und den Lehrern, die ihm dort begegnet waren: „Wer nicht in Ore Place gelebt hat, der hat das Glück, Scholastiker zu sein, nicht in seiner Fülle erfahren. Wir waren dort wohl ein wenig abseits von der Welt, für eine Zeit weitab von fast allen Verpflichtungen des Apostolats; allein unter uns wie auf einem großen Schiff, ohne Fernverbindung, mitten im Ozean.

DIE FORMUNG

Aber was war das für ein intensives Leben im Innern dieses Schiffes und welch wundersame Überfahrt!" (Rückblick, S. 20). Neben Pater Emile Delhaye hat es in dieser Zeit vor allem Pater Joseph Huby verstanden, die Studenten anzuleiten, „die unendlichen Räume der Dogmatik nach allen Richtungen zu erforschen und sich in die Tiefen des Mysteriums zu verlieren, ohne sich darin zu verirren" (Rückblick, S. 20). De Lubac liest die Klassiker der Theologie, allen voran Augustinus, Bonaventura und, besonders intensiv, Thomas von Aquin, den einzigen Autor (neben dem Evangelium), von dem er sich während seiner Studienzeit regelmäßig Exzerpte auf Karteikarten anfertigte (so daß ihn in Jersey manche Lehrer gar einen *Thomisten* oder *Neo-Thomisten* nannten).

In seinem Rückblick erwähnt de Lubac eine besonders ergiebige und geistig anregende Institution in Ore Place: die „freien Akademien", ein das reguläre Studium übergreifendes zusätzliches Forum, worin Themen frei gewählt werden konnten. Es gab deren drei, an einer mußte sich jeder Student beteiligen: eine für Pädagogik, eine für Sozialwissenschaften und eine für Theologie. De Lubac gehörte der theologischen Akademie an, einer Gruppe von zehn Studenten, die sich regelmäßig sonntags unter der Leitung von Pater Huby traf, und wo man jeweils über ein ausgewähltes, von einem Teilnehmer vorbereitetes Thema diskutierte. Der Rahmen dieser Akademien gab de Lubac die Möglichkeit, das schon während des Philosophiestudiums als wesentlich erkannte Thema von *Surnaturel* weiterzuverfolgen. So entstand bereits zu dieser Zeit der erste Entwurf für das Buch, das 1946 im Druck erscheinen und in der Folge soviel Wirbel erzeugen sollte. „Das Thema stand im Mittelpunkt der von mir bereits erwähnten Lehrmeister: Rousselot, Blondel, Maréchal. Wir entdeckten es im Herzen eines jeden großen christlichen Denkens, etwa bei Augustinus, bei Thomas oder Bonaventura (diese waren unsere Klassiker im wahrsten Sinne des Wortes). Wir stellten auch fest, daß dieses Thema auch im Zentrum der Auseinandersetzung mit der modernen Glaubenslosigkeit stand, ja den Kern des Problems eines christlichen Humanismus bildete. Pater Huby, der den bei uns durch Rousselot aufgegriffenen Reflexionsstrang weiterverfolgte, hatte mich lebhaft aufgefordert, nachzuforschen, ob die von Thomas vertretene Lehre über diesen wichtigen Punkt tatsächlich derjenigen entsprach, die ihm die gegen 1600 begründete, im 17. Jahrhundert kodifizierte und im 20. Jahrhundert mehr denn je sich profilierende thomistische Schule zuschrieb" (Rückblick, S. 66 f.).

Priesterweihe und Tertiatsjahr

Im Jahre 1926 hatte sich das Klima zwischen Staat und Kirche soweit verbessert, daß die Jesuitenhochschule nach Frankreich zurückkehren konnte. De Lubac wird am 22. August 1927 zum Priester geweiht. Ein Jahr darauf schließt er das Theologiestudium in Fourvière ab und wird daraufhin zum Tertiat, dem dritten Probejahr, nach Paray-le-Monial geschickt, wo Pater Auguste Bulot sein Instruktor war. Ohne Vorbereitung wurde de Lubac im September 1929 zum Nachfolger von Pater Albert Valensin auf dem Lehrstuhl für Fundamentaltheologie an der Theologischen Fakultät der Katholischen Universität Lyon bestimmt. Pater Albert Valensin (1873–1944), Bruder Auguste Valensins, hatte zwar das Ruhestandsalter noch nicht erreicht, bat aber um Entpflichtung, um sich ganz der Tätigkeit eines Exerzitienmeisters zu widmen.

Fourvière von *forum vetus* = altes Forum, ältestes Siedlungsgebiet Lyons; Basilika Notre-Dame (1872–1896) Wahrzeichen der Stadt und Ziel einer der bedeutendsten Marienwallfahrten Frankreichs.
Seit Mitte des 19. Jh.s Jesuitenhochschule *(Collegium Maximum Lugdunense)*; 1902 Ausweisung und Verlegung nach England; 1926 Rückkehr; 1974 Schließung.

Die theologische Fakultät an der Katholischen Universität in Lyon (1875 gegründet), deren Mitglied de Lubac zeitlebens blieb, ist zu unterscheiden von der Jesuitenhochschule mit Kolleg auf dem Hügel von Fourvière. Daß de Lubac 1934 ‚oben' in Fourvière Wohnung nahm, während er weiterhin ‚unten' Professor blieb, ist nicht nur für Außenstehende zunächst etwas verwirrend, sondern sollte sogar von manchen der römischen Vorgesetzten Lubacs durcheinandergebracht werden.

Professor in Lyon

Lyon ist nicht nur ein geschichtsträchtiger Ort, sondern bis heute, trotz der Trennung von Kirche und Staat, ein Zentrum blühenden kirchlichen Lebens. Die Stadt liegt am Zusammenfluß von Saône und Rhône. Bereits die Römer siedelten auf dem Hügel oberhalb der Saône. Als erste westliche Kirchengründung (nach Rom) durch den Märtyrerbischof Pothin († 177) ist Lyon Wiege des Christentums in Frankreich, Wirkungsstätte dann vor allem von dessen Nachfolger, des großen Irenäus († 202). Die Katholische Universität feiert an seinem Gedenktag (28. Juni) an seinem Grab in der Krypta der Kirche St. Irénée den Gottesdienst. Lyon hat im Mittelalter zwei Konzilien beherbergt: 1245 (u.a. Verabschiedung des Papstwahldekretes) und 1274. Auf dem Weg zu diesem Zweiten Konzil von Lyon stirbt der hl. Thomas. Geleitet wird es von Kardinal Bonaventura, der kurz nach dem Erreichen der (bald wieder aufgekündigten) Union mit den Griechen, völlig erschöpft, am 15. Juli noch vor dem endgültigen Abschluß stirbt und in Lyon begraben wurde.

Die nach den Stürmen der Französischen Revolution wiedererstarkende geistliche Atmosphäre Lyons wird der Nährboden für drei Missionsgesellschaften, die in der ersten Hälfte des 19. Jahrhunderts von Lyon ihren Ausgang nehmen. Seit 1892 betreibt Marius Gonin von Lyon aus die Veranstaltung der *Semaines Sociales de France* (Soziale Wochen Frankreichs), die sich im Anschluß an die Sozialenzyklika *Rerum novarum* (1891) seit 1904 den Herausforderungen der aufkommenden Industriegesellschaft stellen. Ihr Organ ist die Zeitschrift *Chronique sociale* (seit 1893), die ebenfalls in Lyon ihren Sitz hat. Im Saal der *Chronique social* hält de Lubac vor einer Studiengruppe von Christlich-sozialen zwei Vorträge, die in den ersten Teil von *Catholicisme* eingehen werden (Rückblick, S. 55) und die gegenüber jedem heilsindividualistischen Verständnis der christlichen Botschaft die These verfechten: der Katholizismus ist seinem Wesen nach sozial, so

29

sehr, daß der Ausdruck „sozialer Katholizismus" eine unnötige Verdoppelung darstellt (Glauben aus der Liebe, S. 15).

In Lyon lernt de Lubac 1930 in Abbé Monchanin einen hervorragenden Kenner der fernöstlichen Religionen kennen (Monchanin liest die Texte in Sanskrit), der ihn einführen wird in die Welt des Buddhismus. Monchanin ging 1939 selbst als Missionar nach Indien. Ab 1950 lebte er ganz der Kontemplation und kehrte erst sterbend 1957 nach Frankreich zurück. De Lubac hat ihm 1967 mit einem kleinen, liebevoll gestalteten, mit mehreren Photographien illustrierten und anschaulich erzählenden Büchlein ein Denkmal gesetzt. Über die Schilderung dieses beeindruckenden Priesters und Missionars hinaus gibt das den Priestern der Erzdiözese Lyon gewidmete Bändchen einen anschaulichen Einblick in das geistige und kirchliche Leben Lyons in den 30er Jahren. Kapitel III (S. 29–37) beispielsweise ist Abbé Couturier gewidmet, der in Belgien die Gebetswoche für die Einheit der Christen kennengelernt hatte und sie 1933 auch in Lyon einführte. Über Abbé Couturier stößt de Lubac auf die ökumenische Bewegung. Einmal wird er eingeladen, während der Gebetswochen zu predigen. Dies bringt ihn in Kontakt mit den beiden jungen Schweizer Pastoren Roger Schutz und Max Thurian, die in den 40er Jahren in der Nähe von Cluny, unweit Lyon, die evangelische Mönchsgemeinschaft von Taizé gründeten (Rückblick, S. 137).

Henri de Lubac, Images de l'abbé Monchanin, 1967. Das Bändchen wurde 1968 mit dem „Grand prix catholique de littérature" ausgezeichnet.

Meine einzige Leidenschaft

De Lubac zieht im September 1929 zunächst „unten" in die Niederlassung an der Rue d'Auvergne (eine alte Bruchbude, wie er selber sagt). Im Oktober 1929 hält der neue Dozent seine Antrittsvorlesung *Apologetik und Theologie*. Darin entwirft de Lubac eine im Vergleich zu der bis dahin allgemein vertretenen Sicht von *Apologetik* (Glaubensverteidigung) veränderte Gestalt dieses

Henri de Lubac, Apologétique et Théologie, als Aufsatz in der Nou-

von ihm zu übernehmenden theologischen Faches. In einem von der Neuscholastik geprägten Studienaufbau galt als Aufgabe der *Apologetik,* das in sich geschlossene und feststehende Glaubenssystem der katholischen Theologie (wie sie im Fach Dogmatik im Zusammenhang dargestellt wird) gegen die Einwände der Religionskritik zu verteidigen und in der Auseinandersetzung mit den Infragestellungen der Reformation zu sichern. De Lubac hat einer gesunden „Verteidigung des Glaubens", die immer auch Zeichen seiner Vitalität ist, nie ihr Recht bestritten. In einem Brief an den Generalvikar der Gesellschaft Jesu schreibt er 1961 gar: „Die einzige Leidenschaft meines Lebens ist die Verteidigung unseres Glaubens" (Rückblick, S. 379). Allerdings beklagt er etwa in *Catholicisme,* es sei ein großes Unglück, den Katechismus *gegen* jemanden gelernt zu haben (Glauben aus der Liebe, S. 275). In der Verteidigungshaltung ist man immer schwach, man läßt sich die Themen vorgeben, bleibt von der Kritik abhängig und läuft Gefahr, die wahre Stärke und Schönheit der eigenen Position zu übersehen und sie anderen gegenüber zu verdunkeln. Niemals, so de Lubac, dürfe die Kirche sich mit dem bloßen Nachweis begnügen, noch am Leben zu sein. Sie ist vielmehr gesendet, auf die Welt zuzugehen und allen das Evangelium zu bringen. So bemüht sich de Lubac, hierin deutlich von Maurice Blondel inspiriert, der geistigen Situation einer weitgehenden Entfremdung des modernen Menschen von Glaube und Kirche Rechnung zu tragen. Er will den Glauben der Kirche nicht so sehr als in sich geschlossenen Block betrachten, der auf ein göttliches Dekret zurückgeht und deshalb vom Menschen anzunehmen ist, ohne daß ihm zugleich gezeigt wird, was das alles mit seiner Existenz zu tun hat. Ausgehend vom Menschen als einem Wesen, das auf die göttliche Transzendenz hin ausgerichtet ist, soll eine *Apologetik,* wie sie Henri de Lubac vorschwebt, aufzeigen, wie die Botschaft des Evangeliums den wahren Fragen des menschlichen Geistes entgegenkommt, und schließlich (um mit Augustinus zu sprechen) den Heiden

velle revue théologique 1930 veröffentlicht, dt. *Apologetik und Theologie,* übers. von K. H. Neufeld, in: *Zeitschrift für katholische Theologie* 98 (1976) S. 258–270.

durch die Vernunft nachweisen, wie unvernünftig es ist, nicht zu glauben. Dabei ist der Weg von der Vernunft zum Glauben durchaus keine Einbahnstraße. Nach der „Einsicht in den Glauben" kommt die „Einsicht durch den Glauben". Das Licht des Glaubens erleuchtet die Vernunft und läßt das Geheimnis Gottes und des Menschen immer tiefer erkennen. Mit de Lubacs Antrittsvorlesung von 1929 ist theologiegeschichtlich die Wende markiert von der *Apologetik* zur *Fundamentaltheologie,* wie sie heute weithin verstanden wird.

Henri de Lubac hat immer wieder bedauert, daß er auf diese seine neue Aufgabe als Hochschuldozent nicht vorbereitet war. Er hatte keine Doktorarbeit verfassen müssen (die Promotion wurde ihm, weil notwendig, pro forma verliehen), und als er später verschiedentlich Studienzeit erbat, wurde ihm diese immer versagt. Statt dessen bekam er noch einen weiteren Lehrauftrag. Schon im Frühjahr 1930 bittet ihn der Dekan der Fakultät, Podechard, sich auch für Vorlesungen in Religionsgeschichte vorzubereiten. 1938 wird er zum Professor für Fundamentaltheologie und schließlich 1939 auch zum Professor für Religionsgeschichte ernannt.

Henri de Lubac unterrichtete in Lyon Theologiestudenten aus 40 verschiedenen Diözesen, Angehörige zahlreicher Ordensgemeinschaften, allerdings keinen einzigen Jesuitenstudenten, wie er selbst der einzige Jesuit unter den Professoren an der theologischen Fakultät war. Sein Freund, Ordensmitbruder und Wohnungsnachbar Auguste Valensin lehrte an der Philosophischen Fakultät.

Unter den Kollegen de Lubacs an der theologischen Fakultät ragen die beiden Dekane hervor, zunächst Emmanuel Podechard, Sulpizianerpater und Alttestamentler. Die Arbeit in diesem Fach war in den dreißiger Jahren durch die Beschränkungen der *Päpstlichen Bibelkommission* noch immer stark behindert, worunter Podechard, ein kirchlicher und gehorsamer Mann, sehr litt, konnte er doch die Ergebnisse seiner Studien nicht veröffentlichen. Später wurde Georges Jouassard, Patrologe und Dogmengeschichtler, de Lubacs Dekan. Jouassard, ein Mann von diplomatischem Geschick, beobachtete schon in den 30er Jahren mit gewissem Unbehagen de Lubacs offenherzige Weise, seine mit manchen neuscholastischen Positionen kollidierende Theologie vorzutragen und warnte ihn vor möglichen Konsequenzen, hielt aber später nach Ausbruch des befürchteten Konflikts zu ihm und wurde, wie de Lubac betont, mehr und mehr zum Freund.

Fourvière: Mythos und Realität

Es sollte theologiegeschichtlich überaus bedeutsam werden, daß Henri de Lubac 1934 seine Wohnung ins Jesuitenkolleg in Lyon-Fourvière oben auf dem Hügel verlegte. Obwohl er mit dem Studienbetrieb an der Jesuitenhochschule (mit Ausnahme von ein paar Vorträgen über den Buddhismus und die kurzzeitige Vertretung des erkrankten Dogmatikers) nichts zu tun hatte, sollte er doch einen prägenden Einfluß auf eine ganze Generation von jungen Jesuitenstudenten bekommen, die in den 30er und 40er Jahren in Fourvière studierten, von der dort gebotenen Schultheologie aber nur gelangweilt, um nicht zu sagen abgestoßen wurden und von dem im Hause wohnenden Henri de Lubac fasziniert waren. Hans Urs von Balthasar erinnert sich: „Zum Glück und zum Trost wohnte Henri de Lubac im Haus, der uns über den Schulstoff hinaus auf die Kirchenväter verwies und uns allen seine eigenen Aufzeichnungen und Exzerpte großherzig auslieh. So kam es, daß ich, während die anderen Fußball spielen gingen, mit Daniélou, Bouillard und ein paar wenigen andern (Fessard war schon nicht mehr da) hinter Origenes, Gregor von Nyssa und Maximus saß und auch je ein Buch über diese verfaßte."

HANS URS VON BALTHASAR, *Prüfet alles, das Gute behaltet*, 1986, S. 9.

Ein anschauliches Bild vermittelt auch die Erinnerung eines anderen ehemaligen Schülers von Fourvière, Xavier Tilliette (geb. 1921): De Lubac „war nicht Lehrer am Scholastikat, sondern ‚drunten' an der Faculté Catholique, kehrte aber trotz seiner Erschöpfung nie mit dem ‚funiculaire' (der kleinen Drahtseilbahn) zurück, sondern schleppte sich mühsam die engen, steilen Gäßchen empor. ‚Droben' übte er jedoch eine Art geheimes Lehramt aus; Professoren und Schüler besuchten sein Zimmer fleißig. Ihm selbst ging es nie darum ‚Jünger' zu haben – ‚Einer ist euer Meister' –, wohl aber eifrige Theologen zu erwecken; ihr Studium sollte ihr Dasein formen, sie zu Zeugen Christi erziehen. Aus diesem leisen, unscheinbaren Lehrgang erwuchs, was man die ‚Schule von Fourvière' nennen mag. Aber wer wird diesen theologischen Frühling schildern, der kurz vor und während der grausamen Kriegsjahre dort geblüht hat? Im Grunde war es gar keine ‚Schule', noch viel weniger eine ‚neue Theologie', sondern die alten, dem christlichen Ursprung nahen Quellen der Väter begannen wieder zu sprudeln und ergossen sich in vielen Strömen (...). Der Meister war ein Leidender, der vom Ersten Weltkrieg eine schwere, seine Arbeit tage- und wochenlang behindernde Kopfverwundung mit heimgebracht hatte. Oft genug trafen wir ihn im Lehnstuhl oder auf seinem Bett ausgestreckt, kaum fähig zu sprechen. Wir verschlangen seine Bücher (...). Aus einer einzigen zentralen Vision wuchs sich sein Werk nach allen Seiten aus, wie ein freistehender Baum seine Äste ausbreitet. Er legte großen Wert auf die beim Beginn des Theologiestudiums erforderliche ‚Bekehrung des Herzens'. Er verlangte mit Nachdruck Objektivität, Unterwerfung unter das *Gegebene;* und, wo dieses das von Gott Geoffenbarte ist, unter das Mysterium" (S. 187 von Randnote S. 12).

Diese Gruppe junger und begabter Theologen um ihren Freund und Meister Henri de Lubac war von solcher Lebendigkeit und theologischer Innovationskraft, daß die Gegner später von einer „Schule von Fourvière" sprachen und das ganze gar zu einem „Mythos von Fourvière" aufbauschten.

Sources chrétiennes und *Théologie*

Die Produktivität dieser jungen Theologengeneration zeigte sich in zwei Veröffentlichungsreihen, an denen beiden Henri de Lubac maßgeblich beteiligt war.

PROFESSOR IN LYON

Die Idee zur Reihe *Sources chrétiennes* (wörtlich: christliche Quellen) geht auf die Zeit noch vor dem Zweiten Weltkrieg zurück. Ihr Initiator war Pater Victor Fontoynont, der zunächst die Herausgabe von Texten nur griechischer Kirchenväter ins Auge gefaßt hatte und sich davon ein Instrument der ökumenischen Begegnung mit den Ostkirchen versprach. Infolge des Kriegsbeginns und der Versetzung des zunächst mit dem Projekt beauftragten Pater Chaillet fiel die Verantwortung an Henri de Lubac. 1942 erschien der erste Band: Eine Übersetzung von Gregor von Nyssas *Das Leben des Mose* von Jean Daniélou. De Lubac und Daniélou fungieren zusammen als Herausgeber der Reihe, wobei Daniélou von Paris aus für die Einführung und den Vertrieb im besetzten Teil Frankreichs zuständig ist, de Lubac in Lyon für den unbesetzten Teil. Ausgewiesene Fachleute präsentieren ungekürzt Texte lateinischer und griechischer Kirchenväter, aber auch Schriften mittelalterlicher Theologen. Nach dem Krieg erhalten die Bände einen zunehmend wissenschaftlichen Charakter. Mit der französischen Übersetzung wird eine meist kritische Edition des Urtextes vorgelegt, dazu historische und theologische Einleitungen. Die Reihe *Sources chrétiennes,* die 1999 bei über 440 Bänden angelangt ist, hat nicht nur eine bemerkenswerte Erneuerung des Kirchenväterstudiums ermöglicht und somit die französische Theologie und die Spiritualität der französischen Kirche nachhaltig geprägt, sie hat auch editorisch Maßstäbe gesetzt und für den deutschen Sprachraum das Vorbild für die seit 1990 bei Herder erscheinende Reihe *Fontes Christiani* (ebenso: christliche Quellen) abgegeben.

Den Herausgebern der *Sources chrétiennes* ist dabei bewußt, daß es mit der bloßen Bereitstellung der Texte und allein dem Motto „zurück zu den Quellen" nicht getan ist. Es bedarf auch der Erschließung des bleibenden Gehaltes der Vätertheologie und einer Übersetzung in die gewandelten Fragestellungen der Gegenwart.

> **Victor Fontoynont** S.J. (1880–1958), ehem. Studienpräfekt der Theologie in Lyon-Fourvière.

> **Jean Daniélou** S.J. (1905–1974), Schüler und Freund de Lubacs. 1943 Professor für altchristliche Literatur und Geschichte am *Institut Catholique* in Paris, Mitbegründer der *Sources chrétiennes,* Mitarbeit am Konzil, 1969 Kardinal.

Henri Bouillard
S.J., 1908–1981, 1944 Professor für Dogmatik in Lyon-Fourvière, Erster hauptverantwortlicher Leiter der Reihe *Théologie*, 1950 zusammen mit de Lubac und anderen wegen des Verdachts, eine „Neue Theologie" zu lehren, aus Lyon abberufen. Staatliche Promotion 1957 in Paris mit einer Arbeit über Karl Barth. 1967 am *Institut catholique* von Paris.

Diesem Ziel diente die zweite Reihe, eine Ergänzung der Quellensammlung, mit der Veröffentlichung von Spezialuntersuchungen über Themen der Theologie der Kirchenväter und des Mittelalters: die Sammlung *Théologie*, mit dem Untertitel: „Studien veröffentlicht unter der Leitung der theologischen Fakultät der S.J. von Lyon-Fourvière". Auch sie begann noch vor Ende des Zweiten Weltkrieges bei Aubier in Paris zu erscheinen. Band 1 war die römische Doktorarbeit von Henri Bouillard über *Bekehrung und Gnade bei Thomas von Aquin* (1944), worin er in Anlehnung an Rousselot und andere den Weg einer Rückbesinnung auf die wahren Intentionen des hl. Thomas beschritt. Als Band 2 wurde die Doktorarbeit von Jean Daniélou über Gregor von Nyssa gedruckt. Band 3 war dann 1944 schon *Corpus mysticum* von Henri de Lubac, der die meisten seiner Monographien in dieser Reihe publizieren sollte.

Der Erstling: „Ein hervorragendes Buch"

De Lubac wird über seine Lehrtätigkeit an der Universität hinaus auch zu Vorträgen zu verschiedenen Themen eingeladen. Daraus entstehen Aufsätze, die zum Teil auch publiziert wurden. Als Pater Yves Congar O.P. für die von ihm herausgegebene Reihe *Unam Sanctam* von de Lubac einen Band zu einem ekklesiologischen Thema erbittet, schlägt er ihm vor, doch eine Reihe von diesen Aufsätzen zu einem Buch zusammenzustellen. So entsteht de Lubacs erstes Buch: *Catholicisme. Les aspects sociaux du dogme,* 1938 erstmals und dann etliche Male neu aufgelegt. Aus den Kapiteln dieses Buches gehen, wie Hans Urs von Balthasar treffend bemerkt, „wie aus einem Stamm die Äste der nachfolgenden Hauptwerke hervor". Es eignet sich darum für einen Einstieg in die Lektüre de Lubacs,

Yves Congar
O.P., 1904–1995, 1994 Kardinal, 1931 Professor für Dogmatik an der Hochschule der Dominikaner Le Saulchoir. 1956–1968 Straßburg, seither Paris. Zusammen mit de Lubac 1960 in die theologische Vorbereitungskommission für das Konzil berufen.

aber auch zur Begleitung der nachfolgenden Hauptwerke. Denn in diesen frühen und kurzen Aufsätzen finden sich oft schon die späteren Thesen und Hauptargumente in leicht faßlicher und konzentrierter Form. Ein Vergleich der späteren Werke mit *Catholicisme* zeigt im übrigen die große Konstanz im Denken de Lubacs, das keinerlei Brüche oder Sprünge aufweist. Hans Urs von Balthasar hat bereits 1943 bei Benziger eine Übersetzung von *Catholicisme* herausgebracht, 1970 im Johannes Verlag eine zweite Auflage. Im Ringen Balthasars um die sachgerechte Übertragung des Titels wird auch die Frage nach dem wesentlichen Inhalt des Buches sichtbar. Die erste Auflage hieß noch, ganz nahe am französischen Original: *Katholizismus als Gemeinschaft*. Doch das traf es nicht, wie Balthasar später selbst einsah (vgl. Randnote S. 13). Es geht de Lubac in allen Beiträgen dieses Buches nicht um eine Darstellung des konfessionsspezifisch Katholischen. Wer dies erwartete, mußte darin sowohl ein Kapitel über das Papsttum wie auch Reflexionen über den Wert der Tradition vermissen. Doch de Lubac wollte gar kein katholisches Lehrbuch über die Kirche vorlegen. Es geht ihm vielmehr um die Katholizität als Dimension der Kirche. Vom ersten Augenblick ihres Daseins ist die Kirche katholisch, indem sie sich, „in jedem Menschen, an den gesamten Menschen wendet und ihn gemäß seiner ganzen Natur erfaßt" (Glauben aus der Liebe, S. 45). Karl Rahner, der das Buch in der *Zeitschrift für Katholische Theologie* besprochen hat, bringt es auf den Punkt: „Ein hervorragendes Buch: Schlicht, klar und somit verständlich für weitere Kreise geschrieben, über Fragen, die ‚zeitgemäß' sind, ist es doch von bedeutender theologischer Tiefe. Es behandelt nicht den Teil der Moral der Kirche, den man ihre sozialethische Lehre nennt, auch nicht ‚Unionsfragen', sondern die Einheit der ganzen Menschheit in Christus und der Kirche: Die Einsicht, daß nach dem innersten Wesen des christlichen Glaubens die Menschheit nicht bloß eine äußere nachträgliche Summe von Einzelindividuen ist, von denen jedes für sich sein Heil wirkt. Die

KARL RAHNER, Besprechung von *Catholicisme* (1938) in: *Zeitschrift für Katholische Theologie* 63 (1939), S. 443f., abgedruckt in Karl Rahner, *Sämtliche Werke*, Bd. 4, 1997, S. 484f.

Menschheit ist vielmehr im ursprünglichen Plan der Heilsordnung, im Fall, in der Erlösung durch Christus, in der ganzen Heilsgeschichte von Adam bis zum Ende der Welt und selbst noch im ewigen Heil eine heilige Einheit in Christus und der Kirche."

Corpus mysticum

Noch vor dem Krieg schrieb de Lubac ein Buch, das erst 1944 veröffentlicht werden konnte: *Corpus mysticum*. Bestellt zum Zweitprüfer bei der Verteidigung einer Doktorarbeit über den Archidiakon Florus von Lyon (9. Jh.) mußte er sich in die Geschichte der Eucharistietheologie einlesen. Einen Erholungsurlaub in Aix-en-Provence nützte er nicht nur zu mehreren Treffen mit dem verehrten Maurice Blondel, sondern auch zum Studium der Beziehungen von Eucharistie und Kirche. Ohne durch Sekundärliteratur voreingenommen zu sein, vertiefte sich de Lubac in das Quellenstudium und machte eine interessante Entdeckung im Bezug auf die Bestimmung der Kirche als *Corpus Christi* (Leib Christi), wie Paulus die Kirche nannte. Im Laufe des ersten Jahrtausends werden Corpus Christi nähere Bestimmungen beigefügt: Wahrer Leib Christi, Corpus Christi *verum*, ist die Kirche. Corpus Christi *mysticum* ist die Eucharistie. Im frühen Mittelalter kommt es zu einer verstärkten Betonung der wirklichen Gegenwart Christi in der Eucharistie, und die Attribute wechseln: jetzt ist der eucharistische Leib das Corpus Christi *verum*, und die Kirche wird zum Corpus Christi *mysticum*. De Lubac zeigt, wie in der Folgezeit die Kirche als Glaubensgeheimnis nach und nach aus dem Bewußtsein entschwindet. Diese Wiederentdeckung des sakramentalen Verständnisses von Kirche bereitete maßgeblich das Kirchenverständnis des Zweiten Vatikanums vor, das in *Lumen gentium* Art. 1 sagt: „Die Kirche ist ja in Christus gleichsam das Sakrament, das heißt Zeichen und Werkzeug für die innigste Vereinigung mit Gott und mit der ganzen Menschheit."

Vgl. dazu S. 142–144

Zweiter Weltkrieg und geistiger Widerstand

Am 10. Mai 1940 überfällt die deutsche Armee Frankreich. Krieg und Besatzung nötigen de Lubac zweimal zur Flucht aus Lyon. Trotz der inneren und äußeren Bedrängnisse ist es eine Zeit fruchtbaren Schaffens. Die geistige Auseinandersetzung mit den Ideologien des Nationalsozialismus und des Marxismus münden in Schriften, die über den Anlaß hinaus gültig sind.
Nach der Besetzung von Paris am 14. Juni 1940 ist Frankreich besiegt. Marschall Pétain (1856–1951), der sich im Ersten Weltkrieg durch die erfolgreiche Verteidigung Verduns hohes Ansehen errungen und seit dem Krieg verschiedene politische Ämter bekleidet hatte, wird am 16. Juni vom Parlament zum Ministerpräsidenten gewählt. Er schließt mit Hitler am 22. Juni in Compiègne den Waffenstillstand. Frankreich wird in eine besetzte Nord- und eine freie Süd-Zone geteilt. Am 11. Juli wird Pétain auch Staatschef. Sitz der Regierung ist der Kurort Vichy im Zentralmassiv (Vichy-Regierung). Pétain arbeitet in Grenzen mit der Besatzungsmacht zusammen und erläßt im Hinblick auf die jüdische Bevölkerung Gesetze im Sinne des Nationalsozialismus. Parallel zur Vichy-Regierung etabliert sich in London unter der Leitung von General De Gaulle ein „Provisorisches National-Komitee der freien Franzosen". Bis zur Besetzung auch der Südzone ist Lyon Zentrum des freien Frankreich und damit auch Zentrum des geistigen und politischen Widerstandes.

Manuskripte im Gepäck

Im Juni 1940 verließ de Lubac zum ersten Mal mit einer Gruppe von Kollegen Lyon in Richtung La Louvesc (südlich von Lyon im Zentralmassiv), um den heranrückenden deutschen

Truppen zu entgehen. Im Gepäck hatte er die mittlerweile angesammelten Materialien für das Buch *Surnaturel*. An dem sicheren Zufluchtsort brachte er Ordnung in die Texte, das Buch nahm Gestalt an und war nach den Erinnerungen de Lubacs bereits 1941 fertig zur Veröffentlichung. Als nach der Kapitulation Frankreichs und seiner Teilung die Demarkationslinie nördlich von Lyon gezogen wurde, kehrte de Lubac nach Lyon zurück, und der Studienbetrieb konnte zunächst wie gewohnt weitergehen. 1941/42 hielt de Lubac Vorlesungen über den französischen Frühsozialisten Pierre Joseph Proudhon (1809–1865). Bald nach Kriegsende konnten sie als Buch erscheinen. Proudhon, der sich 1848 heftig mit Karl Marx auseinandergesetzt und sich schließlich mit diesem zerstritten hatte, faszinierte de Lubac als ein suchender Mensch, der, obwohl äußerlich andere Wege beschreitend und die Kirche bekämpfend, doch zeitlebens nicht von der Gottesidee losgekommen ist. Das Proudhon-Buch, das auf einer breiten Basis von bislang unbekannten bzw. zumindest nicht veröffentlichten und nicht ausgewerteten Briefen und anderen Texten beruht, muß als nicht überholter Ausgangspunkt für alle weitere Beschäftigung mit dem Thema Proudhon und das Christentum gelten.

HENRI DE LUBAC, *Proudhon et le christianisme*, 1945.

Der Krieg erreicht Lyon

Daß er mehrfach von den Deutschen verhaftet worden sei, wie verschiedentlich zu lesen ist, dementiert de Lubac ausdrücklich. Wohl aber mußte er 1943, nachdem die deutschen Truppen im Herbst 1942 auch in die bislang freie Zone und damit auch in Lyon einmarschiert waren, noch einmal aus Lyon fliehen, da die Gestapo nach ihm suchte. Diesmal fand er Zuflucht im Ordenshaus in Vals (Kurort südlich von Lyon). Die Zeit völliger Abgeschiedenheit nützte er zu einer abermaligen Überarbeitung und Erweiterung von *Surnaturel*: „Dank der Mittel, die in der Bibliothek von Vals zur Verfügung standen, schwoll das Manuskript an. Als ich unmittelbar nach dem Abmarsch der Deutschen nach Lyon zurückkehrte, war es zur Drucklegung bereit" (Rückblick, S. 67).

Noch ein drittes Buch entstand in den Kriegsjahren und trägt deutlich die Züge des geistigen Widerstandes gegen den Totalitarismus: *Le drame de l'humanisme athée* (1944), wie *Catholicisme* ein aus zunächst unabhängig voneinander entstandenen Beiträgen zusammengesetztes Werk. Der erste Teil besteht aus einer Reihe von halb-geheimen, antinazistisch ausgerichteten Vorträgen, der zweite, homogenere Teil ist die Vorlesung über Auguste Comte und dessen Auffassung von „positiver Religion", der dritte Teil versammelt einige „begeisterte, jedoch zugegebenermaßen ziemlich oberflächliche" (Rückblick, S. 75) Aufsätze über Dostojewskij. Die erste vergriffene deutsche Übersetzung von Eberhard Steinacker (*Die Tragödie des Humanismus ohne Gott,* 1950) wurde abgelöst durch die überarbeitete Fassung von Hans Urs von Balthasar 1984, die im Anhang noch einen Aufsatz zum Thema *Nietzsche als Mystiker* bringt, den de Lubac 1950 in dem Sammelband *Affrontements mystiques* veröffentlicht hatte. Diese Studie ist nach den Worten des Übersetzers auch für das heutige Verständnis Nietzsches wichtig, weil de Lubac klarsichtig „das psychologische Rätsel zu lösen versucht, wie Nietzsche den Widerspruch zwischen ‚Übermensch' und ‚ewiger Wiederkehr' zu überwinden oder auszuhalten versucht" (Tragödie, S. 8). Grundgedanke der einzelnen Beiträge ist das geradezu tragisch zu nennende Mißverständnis des modernen Humanismus, der Gott und Mensch in ein Konkurrenzverhältnis setzt und davon ausgeht, die Abhängigkeit von Gott entwürdige den Menschen und mache ihn unfrei, so daß der Mensch zu seiner wahren Größe nur gelangen könne, wenn er die Gottesidee verabschiede. An anderer Stelle faßt de Lubac das Thema exakt zusammen: „Man lehnt Gott ab als eine Beschränkung des Menschen – und sieht nicht, daß der Mensch gerade durch seine Beziehung zu Gott ‚etwas Unendliches' in sich hat. Man lehnt Gott ab, als knechte er

> HENRI DE LUBAC, *Über Gott hinaus. Tragödie des atheistischen Humanismus,* 1984 (Kurztitel = **Tragödie**).

den Menschen – und sieht nicht, daß der Mensch gerade durch seine Beziehung zu Gott allen Knechtschaften entgeht (…). <u>Der Mensch ohne Gott ist kein Mensch mehr</u>" (Auf den Wegen Gottes, S. 162f., 161).

Geistiger Widerstand –
Les Cahiers du Témoignage chrétien

Mit dem Buch *Résistance chrétienne à l'antisémitisme* (1988) will de Lubac die vielfältigen Initiativen von Christen im Widerstand gegen die Judenverfolgung der Vergessenheit entreißen und vor falschen Interpretationen schützen. Weit davon entfernt, die Haltung aller Bischöfe gegenüber der Vichy-Regierung zu rechtfertigen, hat de Lubac allerdings die Autorschaft einer ihm zugeschriebenen, anonymen, den französischen Episkopat heftig kritisierenden Denkschrift aus der Zeit unmittelbar nach dem Krieg zurückgewiesen. De Lubac möchte seine Art des Widerstandes gegen den Nationalsozialismus ausdrücklich als *geistigen* und nicht als politischen Widerstand gewertet wissen. Dies war ihm um so mehr geboten, als die politische Haltung mancher Vorgesetzter nicht gerade eindeutig war.

> JACQUES PRÉVOTAT, Les évêques sous l'Occupation: un démenti du cardinal de Lubac, in: Communio (franz.) 17 (1992), S. 126–132.

Im Oktober 1940 werden von der Vichy-Regierung die ersten Judengesetze erlassen (die dann durch weitere Maßnahmen, besonders die vom 2. Juni 1941, noch verschärft werden sollten). Alle Juden in Frankreich werden verpflichtet, sich zu melden und in der Öffentlichkeit den „Judenstern" zu tragen: Vorbereitungsmaßnahmen für Deportation und Ermordung. Bei den Konvertiten wird unterschieden zwischen denen, die vor dem 25. Juni 1940, und solchen, die nach diesem Datum getauft wurden. In den französischen Kinos wird der nationalsozialistische Propagandafilm „Jud Süß" gezeigt. In einer vertraulichen Denkschrift vom 25. April 1941 an seine Ordensoberen

> Henri de Lubacs **Denkschrift** wider den Antisemitismus ist vollständig veröffentlicht in JEAN CHELINI, L'Église sous Pie XII, la Tourmente, 1939–1945, 1983, S. 295–310, Auszüge in: Résistance, S. 25f. (vgl. Randnote S. 12).

ZWEITER WELTKRIEG UND GEISTIGER WIDERSTAND

zeigt sich de Lubac schockiert über die niederträchtigen und unmenschlichen Formen, mit denen der Antisemitismus in Frankreich Anhänger zu gewinnen versuche, er erinnert an die entschiedene Ablehnung jeglicher Form von Antisemitismus durch das kirchliche Lehramt, er kritisiert die Gesetzgebung und warnt vor dem Eindringen dieses Ungeistes auch in die Ordenshäuser. Bei seinen Oberen fand die Denkschrift positive Aufnahme, nicht aber bei Pater Norbert Boynes S.J., Assistent des Generals, der 1940–42 Frankreich visitierte und die mangelnde Loyalität vieler junger Jesuiten zur Vichy-Regierung beanstandete. De Lubac, auch er im Visier solcher Anklagen, verfaßt ein leidenschaftliches Rechtfertigungsschreiben an seinen Provinzial (24. Juli 1941), in dem er sich gegen die Versuche zur Wehr setzt, ihn „gleichsam dauernd aus der Gesellschaft Jesu hinauszuwerfen", ohne ihm Gründe für die Anschuldigungen zu nennen. Er pocht darauf, niemals gegen die zwei wesentlichen Grundsätze verstoßen zu haben, die die Haltung der Jesuiten in politischen Fragen kennzeichnen müssen: 1. Jesuiten haben keine Politik zu betreiben, sondern sich mit dem Reich Gottes zu beschäftigen. 2. Die gebotene Loyalität zur Regierung ist zu unterscheiden von der Haltung zu deren Gesetzgebung, der gegenüber sich ein Theologe ein Urteil erlauben dürfe, zumal in einer Zeit, in der die religiöse Situation eines Landes so ernsthaft in Gefahr ist (vgl. Rückblick, S. 217–220).

Neben den bereits erwähnten Aufsätzen, die in *Die Tragödie des atheistischen Humanismus* eingingen, ist in diesem Zusammenhang de Lubacs Beteiligung am besonders von Pater Pierre Chaillet S.J. vorangetriebenen Projekt der *Cahiers du Témoignage chrétien* (Hefte des christlichen Zeugnisses) zu nennen. Im Herbst 1941 erschien das erste Heft. Es trug den Titel: *France, prends garde de perdre ton âme* (Frankreich, sieh zu, daß du deine Seele nicht verlierst) und war ganz von Pater Gaston Fessard S.J. verfaßt worden. Die Hefte erschienen nun in rascher Folge. De Lubac schreibt nicht nur (anonym, so daß die Autorschaft im einzelnen nicht mehr festgestellt werden kann), sondern überprüft jedes der Hefte, auch die Druckfahnen. Sie sollten sowohl ein hohes Niveau haben als auch vollkommene Loyalität zur katholischen Kirche bezeugen.

Der Erzbischof von Paris, Kardinal Jean-Marie Lustiger, erinnert sich an den 40. Jahrestag der Befreiung von Paris (1944) im August 1984, an dem er in der Kathedrale Notre-Dame den Dankgottesdienst feierte: „Es war mir vergönnt, diese Messe gemeinsam mit Kardinal de Lubac zelebrieren zu dürfen, und ich las dabei Texte aus seiner während des Krieges im Untergrund verfaßten Zeitschrift *Témoignage chrétien* vor, die der Kirche zur Ehre gereichen. Diese geistlichen Texte, die von der Achtung vor dem Menschen und der Ablehnung des Götzenkultes sprachen, waren zugleich in einem eminenten Sinne politisch. Daß Kardinal de Lubac vierzig Jahre danach in Anwesenheit bedeutender staatlicher Würdenträger diesen Gottesdienst in der Kathedrale von Notre-Dame mit mir konzelebrierte, war schon an sich ein Urteil über die damalige Zeit, und dies erschien mir sehr wichtig" (Lustiger, *Gotteswahl*, S. 108).

> Vgl. **Jean-Marie Lustiger**, *Gotteswahl*, 1992, S. 58. Lustiger, 1926 als Jude geboren, getauft am 25. August 1940, vorbereitet von Bischof Courcoux von Orleans, 1979 selbst Bischof von Orléans, 1980 Erzbischof von Paris und (mit de Lubac) 1983 Kardinal. — Lustigers Mutter wurde 1943 in Auschwitz ermordet.

In einem der Hefte der *Témoignage chrétien* hatte man folgenden Text des Bischofs von Berlin, des Konrad Grafen von Preysing, veröffentlicht, der während der Zeit des „Dritten Reiches" zu den mutigen Kirchenführern gehörte und im geistigen Kampf der Kirche gegen das nationalsozialistische Regime in Deutschland an vorderster Front gestanden hatte: „Kein Zweifel ist uns gestattet: Wir sind Christen, die in einen harten Kampf verwickelt sind. Eine Religion des Blutes hat sich gegen uns aufgerichtet. Von der verächtlichen Zurückweisung der Lehre Christi bis hin zum leidenschaftlichen und offenen Haß werden die Zeichen des Kampfes überall deutlich sichtbar. Ein Trommelfeuer von Behauptungen fährt über uns hinweg, die teils der Geschichte, teils der Gegenwart entnommen sind. Das Ziel der Schlacht ist klar: es ist das Zurückdrängen, das Ausstoßen des Christentums. Ein sieg-

> **Konrad von Preysing**, 1880–1950, 1932 Bischof von Eichstätt, 1935 von Berlin, 1946 Kardinal.

haftes Freudengeschrei erhebt sich aus den Rängen des Antichristentums" (Rückblick, S. 146). Zwei Jahre nach Ende des Krieges, am Samstag, dem 30. August 1947, trifft de Lubac in Berlin mit Bischof Konrad von Preysing zusammen: „Als ich 1947 eine Unterredung mit Msgr. von Preysing in Berlin führte, umarmten wir uns in Ergriffenheit und stellten fest, daß wir von zwei Seiten her denselben geistlichen Kampf mit denselben geistlichen Waffen geführt hatten" (Rückblick, S. 146). Die Begegnung mit Bischof von Preysing und den Gedankenaustausch über die Résistance rechnete de Lubac, so berichtet Herbert Vorgrimler, zu den „wichtigsten äußeren Ereignissen seines Lebens".

HERBERT VORGRIMLER, *Henri de Lubac*, in: Hans Jürgen Schultz (Hg.), *Tendenzen der Theologie im 20. Jahrhundert. Eine Geschichte in Portraits*, 1966, S. 416–421, 419.

Von Preysing, nach dem Krieg Bischof einer geteilten Stadt, deren östliche Hälfte vom Herrschaftsbereich eines totalitären Regimes in den eines anderen gefallen war, hat in einem Hirtenwort 1949 über die Beziehung des neuzeitlichen Menschen zu Gott fast wörtlich de Lubacs Analysen aus *Die Tragödie des atheistischen Humanismus* aufgegriffen: „Die moderne Welt, wohl schon seit hundert und mehr Jahren, hat von einer völligen Emanzipation des Menschen geträumt und geredet. Man glaubte, der Gottesgedanke sei das Hindernis für die freie Entwicklung des Menschen, daß die Emanzipation des Menschen nicht möglich sei ohne die Emanzipation von Gott. Wir stehen vor Ruinen, die die Emanzipation des Menschen gebracht hat. Sichtbare, greifbare Ruinen, aber noch viel schmerzlicher: Geistige Ruinen."

Zitiert nach STEPHAN ADAM, *Bischof Konrad von Preysing*, 1996, S. 190f., Anm. 812.

Die finsteren Wolken des Krieges waren kaum abgezogen, da braute sich bereits ein neues Gewitter über de Lubac zusammen. Die Verdächtigungen de Lubacs hatten zwar schon früher begonnen. Doch der Sturm bricht im Jahre 1946 los.

Eine „Neue Theologie"?

De Lubac spricht von fünfzehn leidvollen Jahren, die fast unmittelbar auf die Zeit der deutschen Besetzung gefolgt waren. In seinem *Rückblick* beschönigt er das Verhalten seiner Gegner und die Schwäche mancher seiner Vorgesetzten nicht. Wenn auch aus den entsprechenden Zeilen der Schmerz über so viel Ungerechtigkeit, Mittelmäßigkeit und Lieblosigkeit spricht, so sind seine Worte doch frei von Bitterkeit. De Lubacs Zurückweisung aller Versuche, seinen Fall später zum Anlaß für Kritik an „Rom" und kirchliche Autoritätsstrukturen zu mißbrauchen, fällt härter aus als das Urteil über diejenigen, die ihm Unrecht zufügten.

Surnaturel

Seit den Tagen des Philosophiestudiums hatte sich de Lubac mit der Frage nach der letzten Bestimmung des Menschen und dem Endziel der menschlichen Natur beschäftigt. Angeregt durch die Philosophie Maurice Blondels und ermutigt von Pater Joseph Huby verfolgte er die Fragestellung durch die einzelnen Etappen der Theologiegeschichte und mußte feststellen, daß sich im 16./17. Jahrhundert in der katholischen Theologie ein Wandel vollzogen hatte.
De Lubac hatte in einzelnen Aufsätzen diese seine Einsichten bereits teilweise veröffentlicht. Während der Kriegsmonate, in denen er aus Lyon fliehen mußte, arbeitete er weiter auch an diesem Thema, so daß schon 1942 eine erste Fassung des Buches mit dem einfachen Titel *Surnaturel* (Übernatürlich) und dem Untertitel *Etudes historiques* (historische Untersuchungen) druckfertig war. Weitere Muße-Wochen ließen das Werk nochmals eine Erweiterung erfahren, bis es dann endgültig im Herbst 1945 in Druck gehen und im Frühjahr 1946 erscheinen konnte. Obwohl de Lubac ausdrücklich dem Vorwurf entgegentrat, mit seinem Buch den Geschenkcharakter

der Gnade nicht anzutasten, sollte gerade dies der Hauptvorwurf gegen ihn werden.

Siehe S. 93–107

Surnaturel war nicht der einzige Grund für die nun einsetzende Kampagne, und de Lubac war nicht der einzige Theologe, der sich ihr ausgesetzt sah. Doch war die Veröffentlichung der Studie einer der wichtigsten Auslöser, und Henri de Lubac der vielleicht prominenteste und profilierteste Theologe einer Richtung, der man nun das Etikett *Nouvelle théologie* – „Neue Theologie" anzuhängen versuchte.

Eine Neuauflage des *Modernismus?*

Nouvelle théologie ist ein Kampfbegriff. Zumindest de Lubac selbst hat ihn niemals zur Kennzeichnung seines eigenen Denkens verwendet. An Hubert Schnackers, der in den 70er Jahren mit einer Arbeit über das Kirchenverständnis de Lubacs promovierte,

HUBERT SCHNACKERS, *Die Kirche als Sakrament und Mutter,* 1979.

schrieb er: „Ich schätze es nicht sehr, wenn man im Blick auf meine Person von ‚neuer Theologie' spricht, ich habe den Ausdruck nie gebraucht und verabscheue die Sache. Ich war im Gegenteil immer darauf bedacht, die Tradition der Kirche in dem bekanntzumachen, was sie an Universalstem, am wenigsten dem zeitlichen Wandel Unterworfenem bietet. ‚Neue Theologie' ist ein polemisches Wort, (...) das zumeist nichts bedeutet und nur dazu dient, einen Autor bei Leuten in Verdacht zu bringen, die sich nicht näher damit befassen (es sei denn, gewisse Leute würden sich heute gar damit brüsten)" (zitiert nach Rückblick, S. 488). De Lubac versteht nicht nur seine eigene Theologie nicht als neue Theologie, er kann umgekehrt gerade die von ihm so heftig bekämpfte Theorie von der *natura pura* als eine „neue Theologie" bezeichnen (*Surnaturel*, S. 140 = Freiheit der Gnade I, S. 286). Man sollte also diesen Begriff nicht zur positiven Charakterisierung der Theologie de Lubacs heranziehen.

Der Begriff wurde wohl schon zur Zeit der Modernismuskrise geprägt, seit 1942 bürgert er sich nun mehr und mehr ein.

> Dominkaner tragen das Ordenskürzel **O.P.** hinter ihrem Namen, was für *Ordo Praedicatorum* — Predigerorden steht.

Als der angesehene Pater Garrigou-Lagrange O.P. (der Doktorvater von Karol Wojtyla) dann 1946 in der Zeitschrift *Angelicum* in einem Aufsatz *La théologie nouvelle: où va-t-elle?* die Frage stellte: Wohin steuert die Neue Theologie?, und sie auch gleich eindeutig beantwortete: Sie führt in den Modernismus!, war die Waffe endgültig geschmiedet.

Im August 1946 trat in Rom die Generalkongregation der Jesuiten zusammen, um einen neuen Ordensgeneral zu wählen (aufgrund der Kriegswirren hatte nicht gleich nach dem Tode von Pater Ledochowski am 13. Dezember 1942 ein Nachfolger gewählt werden können). Henri de Lubac ist Delegierter seiner Ordensprovinz und weilt von August bis zum 28. Oktober 1946 in Rom. Am 15. September wird ein Belgier, Pater Johannes Baptista Janssens (1889–1964), zum General gewählt.

Zwei Tage darauf empfängt der Papst in Castel Gandolfo die Delegierten der Generalversammlung und hält eine Ansprache, in der unter anderem Kritik darüber geäußert wird, daß in letzter Zeit mehrfach zu unbedacht von „Neuer Theologie" die Rede sei. Anschließend werden die Patres einzeln dem Papst vorgestellt und es werden jeweils ein paar Worte gewechselt. Pius XII. sagt in freundlichem Ton zu de Lubac: „Ah! Ihre Lehre kenne ich recht gut!" De Lubac sieht also keinen Grund zur Beunruhigung. Dann aber wird die Ansprache des Papstes überraschend zwei Tage später im *Osservatore Romano* gedruckt. Sofort überschlagen sich die Gerüchte und Verdächtigungen, wer gemeint sein könne und auf welche Lehrbeanstandungen mit welchen disziplinarischen Folgen diese Kritik angespielt haben könnte. De Lubac hat für die Zeit vom 9. September 1946 bis zum 18. April 1947 seine Tagebuchnotizen im Anhang seines Rückblicks veröffentlicht. Katastrophenmeldungen machen die Runde, die bis hin zur angeblich nahe bevorstehenden Verurteilung der „Schule von Fourvière" reichen. Doch bleibt alles im Vagen. Kein Vorgesetzter nennt de Lubac gegenüber konkrete Vorwürfe, so daß er sich dazu äußern könnte. Alfredo Ottaviani, den er am

1. Oktober im *Sacrum Officium* besucht, beruhigt ihn: die Rede des Papstes solle ihn in seiner Arbeit nicht entmutigen.

Es ist zu vermuten, daß in der hiermit angebahnten Affaire auch politische Motive mitspielten, da sich eine Verbindungslinie ziehen läßt zwischen Vichy-Regierung und Ablehnung der *Nouvelle théologie*. Immerhin waren einige der treibenden Kräfte unter de Lubacs Gegnern dieselben, die zuvor während der Besatzungszeit mangelnde Loyalität gegenüber dem Marschall beklagt hatten. Pater Garrigou-Lagrange war in seiner Verteidigung Pétains so weit gegangen, daß er jede Unterstützung für de Gaulle als Todsünde bezeichnete (vgl. Lenk, S. 224, Anm. 10).

Noch bleibt es nach außen hin ruhig, doch der Stein ist im Rollen. Gegner de Lubacs sind offenkundig allen voran Pater Garrigou-Lagrange O.P., Professor am Angelicum, Pater Charles Boyer S.J. sowie einige weitere Mitbrüder de Lubacs aus der Gesellschaft Jesu, die mit aller Macht den neuen General zu beeinflussen suchen und auf eine Verurteilung dessen drängen, was sie die „Neue Theologie" nennen. De Lubac vertraut – zunächst jedenfalls – auf die Unterstützung von Pater Janssens und arbeitet unberührt weiter.

Alfredo Ottaviani (1890–1979), 1935 Assessor des **Sacrum Officium** (heute Glaubenskongregation), 1953 Kardinal, 1959–68 Präfekt des *Sacrum Officium*, 1959 Vorsitzender der Theol. Vorbereitungskommission für das Konzil.

Zum Kurztitel **Lenk** vgl. Randnote S. 58.

Ein friedliches Buch in stürmischer Zeit

Während sich äußerlich die heftigsten Stürme zu entladen beginnen, findet de Lubac die innere Ruhe, um eines seiner bedeutendsten Bücher vorzubereiten: *Histoire et Esprit*.

Seit 20 Jahren bereits hatte sich de Lubac mit Origenes (185–254) und seiner Theologie befaßt. Nach und nach wurde ihm die überragende Bedeutung dieses Mannes bewußt, dem von der Nachwelt so viel Unrecht geschah und der bis heute zu den umstrittensten Theologen der Geschichte gehört.

Henri de Lubac, *Histoire et Esprit. L'intelligence de l'Ecriture d'après Origène* (1950), dt.: *Geist aus der Geschichte. Das Schriftverständnis des Origenes,* 1968 (Kurztitel = **Geist aus der Geschichte**).

Man unterstellte Origenes bereits seit der Antike, er habe die Apokatastasis gelehrt, die Wiederherstellung aller Dinge, damit verbunden die Bekehrung letztlich sogar der Dämonen und des Satans, mithin auch die Endlichkeit der Hölle. Dies war nicht der einzige, aber der gravierendste Vorwurf.

In einem Vortrag von 1950, gehalten in Lyon, über zwei Origenespredigten zu einem Vers aus Jeremia (20,7), wo es um die „pädagogische Lüge" Gottes geht (kann Gott aus erzieherischen Gründen „betrügen"?), zeigt de Lubac, daß die Position des Origenes weit differenzierter ist, als es die Sätze zum Ausdruck bringen, aufgrund derer man ihn im sechsten Jahrhundert meinte verurteilen zu müssen.

HENRI DE LUBAC, „Tu m'as trompé, Seigneur" (1979); dt. „Du hast mich betrogen, Herr!", 1984.

Ein anderer Vorbehalt Origenes gegenüber betrifft seinen „Allegorismus", der zeige, daß er mehr Platoniker und Schüler des Philo denn ein christlicher Theologe gewesen sei. *Histoire et Esprit,* nach wie vor das Standardwerk zum Schriftverständnis des Origenes, entkräftet diesen Vorwurf. Vorarbeiten dazu entstehen in Form von Einleitungen zur Ausgabe der *Origenes-Homilien zu Genesis* (1943) und *Exodus* (1947) in der Reihe *Sources chrétiennes.* Ebenfalls 1947 erscheint der vielbeachtete Aufsatz *„Typologie" et „Allégorisme",* der den häufig mißverstandenen Begriff *Allegorie* gegen allerlei verzerrte Deutungen in Schutz nimmt und ihn als die traditionelle Kennzeichnung der theologischen Schriftdeutung ins rechte Licht rückt. Für die Cavallera-Festschrift 1948 schreibt de Lubac einen Aufsatz über das mittelalterliche Distichon, das die Lehre vom vierfachen Schriftsinn merkversartig zusammenfaßt. Mit den Studien über Origenes läßt dieser Aufsatz bereits das Leitmotiv anklingen für das große vierbändige Werk *Exégèse médiévale* (1959–1964).

Siehe dazu S. 154.

1950, gerade noch rechtzeitig, bevor es die Weisung seiner Oberen de Lubac für eine Zeitlang unmöglich machten, theologische Bücher zu veröffentlichen, erscheint *Histoire et Esprit,* „mitten im Kampf ein friedliches Buch". De Lubac stellt darin den alexandrinischen Theologen dar als Mann der Kirche, dessen Auslegungsprinzipien trotz mancher Übertreibungen im Einzelfall richtig waren. Nicht ein Neuerer ist Origenes, sondern Zeuge der letztlich auf den Apostel Paulus zurückgehenden Tradition. Bei aller Ähnlichkeit zum Denken des jüdischen Philosophen Philo von Alexandrien († 45/50 n. Chr.) und bei aller Abhängigkeit vom alexandrinischen Milieu: an entscheidender Stelle trennt Origenes von Philo das gesamte christliche Heilsmysterium.

Mit *Histoire et Esprit* wollte de Lubac die Vertreter der modernen historisch-kritischen Exegese zu einem Dialog über das Zueinander von Fachexegese und systematischer Theologie ermuntern. Es fehlte nicht an positiven Reaktionen. Besonders freute es den Autor, daß ein Bibliker wie Pater Hugues Vincent O.P., Schüler von Pater Marie-Joseph Lagrange O.P., gleich nach Erscheinen des Buches dem Autor voll Dankbarkeit seine Begeisterung über das Werk mitteilte und dann auch für die *Revue biblique* eine Rezension verfaßte. De Lubac hat zwei Briefe von Pater Vincent im Anhang zu dem Auswahlband *L'Ecriture dans la Tradition* (1966) (dt. in: Typologie. Allegorie. Geistiger Sinn) veröffentlicht. Bezeichnend für de Lubacs Sicht der historisch-kritischen Exegese ist vielleicht, daß er noch zu Lebzeiten Pater Lagranges immer wieder vorgeschlagen hatte, den Dominikanerpater in Anerkennung seiner Verdienste um die Theologie zum Kardinal zu ernennen. Einer solchen Anerkennung wäre nach Auffassung de Lubacs eine große symbolische Bedeutung zugekommen. Indem sie den wissenschaftlichen Exegeten nicht nur ihre Daseinsberechtigung bestätigt, sondern sie zu ihrer Arbeit angespornt hätte (Rückblick, S. 332), hätte sie auch manche Verletzung lindern und manche Verkrampfung im Verhältnis zwischen Lehramt und Exegeten lösen helfen können.

Marie-Joseph Lagrange O.P. (1855–1938), Exeget, Prof. in Salamanca und Toulouse, Gründer der *École biblique* in Jerusalem, Hauptwerk: *La Méthode historique* (1903).

Zwischen die ersten Rückmeldungen auf die Veröffentlichung von *Histoire et Esprit* mischt sich eine bestürzende Nachricht.

Blitzschlag auf Fourvière

Schon Anfang 1950 erreicht de Lubac ein Brief des Ordensgenerals, in dem ihm der bevorstehende Entzug der Lehrerlaubnis angekündigt wird. In den Jahren 1948/49 hatte der Druck zugenommen. Aus verschiedensten Ländern waren Beschwerden gegen de Lubac eingetroffen. Für erneuten Wirbel hatte zudem sein Aufsatz *Le mystère du surnaturel* (Das Mysterium des Übernatürlichen) in den *Recherches de Sciences Religieuses* 1949 gesorgt, der statt zur erhofften Klärung nur zu um so erbitterterer Feindschaft führte. Eine vom Assistenten des Generals gegebene Beruhigung, man sei in der Lage, ihn gegen die Angriffe zu verteidigen, sollte sich als trügerisch erweisen. Offenbar war Pater Janssens von entsprechenden Ratgebern schließlich doch davon überzeugt worden, daß die Vorwürfe gegen de Lubac zutreffen. Noch soll die Sache geheim bleiben. Im Juni 1950 aber schlägt der Blitz in Fourvière ein. Insgesamt fünf Patres wird die Lehrbefugnis abgesprochen. Sie müssen Lyon verlassen: zusammen mit Henri de Lubac werden auch Emile Delaye, Henri Bouillard, Alexandre Durand und Pierre Ganne verbannt, um nur die Betroffenen von Fourvière zu nennen. Man überlegt, de Lubac nach Toulouse zu schicken. Schließlich wird er nach Paris abgeschoben, wo er in einem alten Gebäude im Hinterhof des Jesuitenkollegs an der Rue de Sèvres für einige Zeit ein regelrechtes Einsiedlerleben führte. An demselben Tag, als er in Paris ankam, erschien die Enzyklika *Humani generis,* die der Papst am 12. August veröffentlicht hatte, in der Zeitung *La Croix*. In diesem päpstlichen Rundschreiben, so durfte vermutet werden, werde die Begründung für die disziplinarischen Maßnahmen gewissermaßen nachgeliefert. In einem noch leeren Zimmer, vor einem geöffneten Koffer las de Lubac den Text und konnte nun selbst nachprüfen, ob und wie er darin vorkam, welche seiner Lehren darin verurteilt würden. Doch siehe da, bei aller Einseitigkeit und apologetischer Grundausrichtung, die de Lubac fest-

> *Recherches de Sciences Religieuses*: Von Jesuiten herausgegebene theologische Fachzeitschrift. De Lubac, seit 1946 Redakteur, muß 1950 auch dieses Amt aufgeben.

stellte: nicht ein einziger Satz konnte direkt auf ihn gemünzt verstanden werden. Dort, wo die Enzyklika die Frage nach dem Übernatürlichen behandelt, konnte de Lubac sogar erkennen, daß ein ihm wohlgesonnener, mit seinen Schriften vertrauter Redaktor offenkundig noch eine ihn möglicherweise kritisierende Formulierung durch Worte ersetzt hatte, die von de Lubac selbst hätten stammen können. Der möglicherweise auf de Lubac gemünzte Abschnitt lautet: „Andere machen die wahre ‚Gnadenhaftigkeit' der übernatürlichen Ordnung zunichte, da sie behaupten, Gott könne keine vernunftbegabten Wesen schaffen, ohne diese auf die seligmachende Schau hinzuordnen und dazu zu berufen" (DH 3891). De Lubac war es in der Tat nie um irgendwelche Spekulationen gegangen, wen oder was Gott schaffen kann. Seine These war schlicht und einfach nur gewesen, daß die gesamte christliche Tradition bis zu Thomas und über ihn hinaus bis ins 16. Jahrhundert der Auffassung war, Gott habe den Menschen konkret so geschaffen, daß er in seiner geistigen Selbsttranszendenz nur in Gott selbst letztlich seine Seligkeit erlangen könne und daß vor allem Thomas von Aquin nichts wisse von einer doppelten, d.h. einer natürlichen und einer übernatürlichen Endbestimmung des Menschen.

DH = DENZINGER/HÜNERMANN, Kompendium der Glaubensbekenntnisse und kirchlichen Lehrentscheidungen, lat.-dt., hrsg. von Peter Hünermann, 1991.

Den Gegnern de Lubacs war die Enzyklika in der Tat zu wenig deutlich. Sie enthält keine Verteidigung der Theorie von der „reinen Natur". Das änderte nichts daran, daß kurz nach Erscheinen der Enzyklika über das Lehr- und Veröffentlichungsverbot hinaus eine weitere Maßnahme gegen Henri de Lubac verfügt wurde: die Anordnung, daß – unter anderen Publikationen – drei seiner Bücher: *Surnaturel, Corpus mysticum* und *De la Connaissance de Dieu* – aus den Bibliotheken der Ordenshäuser und aus dem Handel zurückzuziehen seien sowie (nur aus den Bibliotheken der S.J.) der Band der Zeitschrift *Recherches des Sciences Religieuses,* in dem sein Aufsatz über *Le mystère du surnaturel* enthalten war (Rückblick, S. 209).

De Lubac nahm die über ihn verhängte Maßnahme hin. Freunden gegenüber verhehlte er nicht, wie sehr sie ihn schmerzte. Seine Christusbeziehung, seine Liebe zur Kirche und seine Dankbarkeit dem Orden gegenüber können sie nicht erschüttern. In einem Brief an Pater Charmot S.J. vom 9. September 1950 schreibt er: „Mochten die Erschütterungen, die von außen auf mich eindrangen, auch die Seele bis auf den Grund aufwühlen: sie vermögen doch nichts gegen die großen und wesentlichen Dinge, die jeden Augenblick unseres Lebens ausmachen. Die Kirche ist immer da, mütterlich, mit ihren Sakramenten und mit ihrem Gebet, mit dem Evangelium, das sie uns unversehrt überliefert; mit ihren Heiligen, die uns umgeben; kurz: mit Jesus Christus, gegenwärtig unter uns, und den sie uns noch mehr gibt in dem Augenblick, da sie uns leiden läßt. Der Gesellschaft Jesu gelten zweifellos nicht dieselben Verheißungen, aber es ist trotzdem so, daß die Kirche mich zum großen Teil eben durch sie mit ihrem Einfluß durchdringt, und wenn ich mich nur gelehriger gezeigt hätte, wären mir wie jedem anderen vor allem durch sie die Quellen der Heiligkeit erschlossen worden. Was verschlägt da der ganze Rest angesichts solcher Wohltaten?"

Veröffentlicht in: *Bulletin de Littérature Ecclésiastique* 94 (1993) 54f.

Solidarität

Ermutigung und Trost empfing de Lubac durch zahlreiche Bekundungen der Sympathie und Verbundenheit. Hans Urs von Balthasar, der sich erst kurz zuvor zu der Entscheidung durchgerungen hatte, den Jesuitenorden zu verlassen, um sich der Aufgabe der Gründung der Johannesgemeinschaft zu widmen, schrieb: „Lieber Freund, ich konnte kaum glauben, was Sie mir schreiben. Es ist bestürzend, völlig unverständlich. Doch dies ist wohl die Form des Martyriums, das Ihr Werk besiegeln muß. Sie sind bereits Sieger, nichts wird das Weiterwirken Ihrer Gedanken aufhalten. (...) Verlieren Sie nicht den Mut, fahren Sie fort zu arbeiten, als wäre nichts geschehen. So viele Freunde umgeben Sie und möchten Ihnen helfen. Ich tue, was ich kann, um Sie in deutschen Landen ausstrahlen zu machen. Wenn Sie Zeit haben, schreiben Sie mehr: wer muß Fourvière verlassen? Rondet? Bouillard? Ich fürchte, daß Karl Rahner jetzt sehr entmutigt ist, er der fast unsere einzige Hoffnung ist. Man muß ihn unterstützen, – Sie müssen sich gegenseitig helfen. Man [Martha Gisi] übersetzt Ihr Schlußkapitel [aus *Histoire et Esprit*]. Es wird bald in der Reihe *Christ heute* erscheinen, mit Genehmigung von Aubier. Ich bete für Sie. Seien Sie heiter. Ganz der Ihre. Balthasar."

Zitiert nach THOMAS KRENSKI, *Hans Urs von Balthasar. Das Gottesdrama,* 1995, 91f.

Drei Bücher über den Buddhismus

Während der General den Einflüsterungen seiner Ratgeber gefolgt war, stand der neue Provinzial von Lyon, Pater André Ravier, auf der Seite Henri de Lubacs. Er legte Wert darauf, daß de Lubac weiter arbeitete und publizierte. „Da mir die Theologie verwehrt war, beschlossen wir, daß ich über den Buddhismus schreiben könnte" (Rückblick, S. 206). So geschah es denn auch. Schon in den 30er Jahren hatte er eine Fülle von Material gesammelt und in Lyon Vorlesungen über den Buddhismus gehalten. In rascher Folge können drei Bände zum Thema erscheinen. Keines dieser Bücher ist ins Deutsche übersetzt worden. Gleichwohl sind sie lesenswert, weil sie Hilfestellung geben zur Unterscheidung der Geister. Diese tut not in einer Zeit, die wohlwollende Kenntnisnahme und eingehendes Studium einer anderen religiösen Tradition oft verbindet mit einem religiösen Pluralismus, der letztlich alle Religionen in eins fallen läßt und somit nicht nur dem Christentum, sondern auch den anderen Religionen gerade ihr Eigenes nimmt. De Lubac bekennt, daß ihm die Beschäftigung mit der Religionsgeschichte vor allem den Blick geschärft habe für das unvergleichlich Neue, das mit Christus in die Welt gekommen ist (Rückblick, S. 62).

HENRI DE LUBAC, *Aspects du Bouddhisme* I, 1951; *La Rencontre du bouddhisme et de l'occident,* 1952; *Amida. Aspects du Bouddhisme* II, 1955.

Auch die Theologische Fakultät unter Vorsitz ihres Großkanzlers, des Erzbischofs von Lyon, Kardinal Gerlier, stärkte nach Bekanntwerden des Entzugs der Lehrerlaubnis de Lubac den Rücken. Verständlicherweise konnte man den Eingriff des Jesuitenordens in die Angelegenheiten der Fakultät nicht ohne weiteres dulden. De Lubac hatte Mühe, seine Kollegen von der Aussichtslosigkeit jeglichen Einspruchs gegen die Maßnahme der Ordensoberen zu überzeugen. Bei der Verabschiedung von Kardinal Gerlier sagte ihm dieser: „Ich will Sie selbstverständlich nicht zum Ungehorsam Ihren Vorgesetzten gegenüber drängen. Aber nehmen Sie zur Kenntnis, Ihr Lehrstuhl gehört Ihnen. Wenn Sie je wieder nach Lyon kommen, er steht Ihnen zur Verfügung" (Rückblick, S. 201). 1951 ernannte Kardinal Gerlier de Lubac demonstrativ zu seinem theologischen Berater.

Wenn de Lubac aus zeitlichem Abstand auf die Affäre zurückblickt, bedauert er am meisten die unpersönliche Art des Verfahrens: „Während all diesen Jahren wurde ich niemals befragt, hatte keine einzige Aussprache über das Wesentliche mit einer römischen Stelle, weder mit einer kirchlichen noch mit einer der Gesellschaft. Man teilte mir nie mit, wessen ich angeklagt war, verlangte auch nie irgend etwas, was einer ‚Retraktatio', einer Erklärung oder besonderen Absage gleichgekommen wäre. Selbst im Frühjahr 1953, als ich endlich den P. General sah, wich dieser immerfort aus, sowohl einer Besprechung des Grundsätzlichen wie einer solchen der einzelnen Fakten" (Rückblick, S. 215).

Schritte der Aussöhnung

1953 kehrte de Lubac nach Lyon zurück. Er wohnte in der Ordensniederlassung in der Rue Sala. Ende desselben Jahres durfte de Lubac auf Vermittlung Kardinal Gerliers zwar nicht eine regelmäßige Lehrtätigkeit wieder aufnehmen, so doch außerhalb des theologischen Rahmens wenigstens einige Vorträge halten über ein nicht-theologisches Thema.

EINE „NEUE THEOLOGIE"?

In demselben Jahr gelang es wieder, auch ein ausdrücklich theologisches Buch durch die Zensur zu bringen: *Méditation sur l'Eglise*. Kein fachtheologisches, daher für breitere Leserschichten geeignetes Buch. Es war aus Vorträgen de Lubacs bei Priesterkonferenzen in den Jahren 1946 bis 1949 entstanden. Es ist also nicht aufgrund der Affäre von 1950 (vielleicht gar zur Selbstrechtfertigung) geschrieben, sondern in seinem Erscheinen durch die Vorgänge seit 1950 verzögert worden.

Es enthält unter anderem den Text: *Der Mensch der Kirche*, eine brillante Beschreibung des Wesens wahrer Kirchlichkeit. Herbert Vorgrimler sagt zu Recht, daß diese Seiten als Programm des theologischen Werkes von Henri de Lubac gelesen werden können. Sie formulieren jenes Ideal von Leben in und mit der Kirche, dem er sich zeitlebens verpflichtet wußte. Dieses Portrait beginnt bezeichnenderweise mit einem Origenes-Zitat: „Was mich betrifft', verkündet Origenes, ,so geht mein Wunsch dahin, wahrhaft ein Mensch der Kirche zu sein.' Er dachte richtig: es gibt kein anderes Mittel, ein voller Christ zu sein. Wer einen solchen Wunsch hegt, begnügt sich nicht damit, in Sachen der religiösen Praxis loyal und gefügig zu sein, pünktlich den Pflichten nachzukommen, die seine katholische Konfession ihm auferlegt. Sondern er liebt das schöne Haus Gottes. Die Kirche hat sein Herz von sich weggerückt. Sie ist seine geistige Heimat. Sie ist ,seine Mutter und seine Brüder'. Nichts, was sie angeht, läßt ihn gleichgültig und überlegen. In ihren Grund schlägt er seine Wurzeln, nach ihrem Bild formt er sich, in ihre Erfahrung schmiegt er sich ein. Mit ihren Reichtümern fühlt er sich reich. Er hat das Bewußtsein, durch sie, ja durch sie allein an der Unveränderlichkeit Gottes Anteil zu gewinnen. Von ihr lernt er zu leben und zu sterben. Er richtet sie nicht, läßt sich aber von ihr richten. Freudig ist er zu allen Opfern für ihre Einheit bereit" (Die Kirche, S. 218).

HENRI DE LUBAC, *Méditation sur l'Eglise*. Die schon 1954 erschienene deutsche Übersetzung von Günter Buxbaum (*Betrachtung über die Kirche*) ist durch die Übersetzung von H. U. v. Balthasar: *Die Kirche. Eine Betrachtung*, 1968, abgelöst (Kurztitel = **Die Kirche**).

HERBERT VORGRIMLER, *Henri de Lubac*, in: Vorgrimler, Herbert / Vander Gucht, Robert (Hg.), *Bilanz der Theologie im 20. Jahrhundert. Bahnbrechende Theologen*, 1970, S. 199–214, hier: S. 200.

Die Jahre 1955/56 brachten eine weitere Lockerung. Wiederum auf Ansuchen Kardinal Gerliers erhielt de Lubac 1956 das Zugeständnis, von jetzt an *ad experimentum* an der Katholischen Universität Vorlesungen über Hinduismus und Buddhismus zu halten.

Der Mensch und die Gottesidee

<small>Siehe dazu im einzelnen S 108–124.</small>

1956 erscheint die dritte, erweiterte Auflage von *De la Connaissance de Dieu* unter dem Titel *Sur les Chemins de Dieu*. Im Menschen lebe ein natürliches, vorbegriffliches Bewußtsein von der Gegenwart Gottes, de Lubac spricht von der „Gottesidee im Menschen", die nun allerdings nicht so zu verstehen ist, als sei Gott im Menschen anwesend. Es ist gerade das Nicht-anwesend-Sein dessen, den der Mensch mit Notwendigkeit als die Erfüllung seiner Sehnsucht begehrt, die ihn diese Gottesidee vielmehr deuten läßt als ein Angerufensein des Menschen von Gott her. Kritiker hatten de Lubac vorgehalten, seine darin eher aphoristisch angedeutete als systematisch durchgeführte „natürliche Gotteslehre" unterscheide sich nicht deutlich genug von Positionen, die das Lehramt als *Ontologismus, Agnostizismus* oder *Fideismus* verurteilt hatte. De Lubac hatte, ohne seine Auffassung im Kern zu korrigieren, seine Darlegungen durch zahlreiche Zusätze und Präzisierungen sowie vor allem durch Anführung einer Fülle von Belegen aus der Theologiegeschichte gegenüber den Angriffen abgesichert. Martin Lenk hat die Überarbeitungen de Lubacs im einzelnen herauspräpariert. Sein Fazit: De Lubacs an den Kirchenvätern geschulte Denkform des Paradoxes, die auch in seinen Reflexionen über die Gottesidee im Menschen zutage tritt, kollidierte mit dem System einer natürlichen Gotteslehre im Stil neuscholastischer Schultheologie, in deren Raster de Lubac nicht hineinpaßte.

<small>**Fideismus**: Von *fides* = Glaube, theologische Grundhaltung, die alle religiöse Wahrheit einzig im Akt des gläubigen Vertrauens für zugänglich hält und Vernunftargumente abweist. Diese Auffassung wurde ebenso wie ihr Gegenteil, der Rationalismus (von *ratio* = Vernunft), vom I. Vaticanum (1869/70) verurteilt.</small>

<small>MARTIN LENK, *Von der Gotteserkenntnis. Natürliche Theologie im Werk Henri de Lubacs*, 1993 (Kurztitel = **Lenk**).</small>

Exégèse médiévale

Im April 1956 beginnt de Lubac mit der Niederschrift des ersten Bandes von *Exégèse médiévale*. Material dazu hatte sich in Form von schier unendlich vielen Zetteln mit Exzerpten angesammelt. De Lubac hatte die *Patrologia Latina* und *Graeca* systematisch durchforstet und sich die entsprechenden Stellen herausgeschrieben. Doch nicht nur die nicht immer zuverlässigen Migne-Bände dienten ihm als Arbeitsgrundlage. Nach Möglichkeit benutzte er die kritischen Ausgaben und spürte mit erstaunlicher Kenntnis auch oft ganz entlegene Ausgaben von kaum bekannten Autoren auf und sammelte ihre Bemerkungen und Aussagen zur Frage des christlichen Schriftverständnisses. De Lubac gibt selbst einen kleinen Einblick in das Zustandekommen und die Zielsetzung des monumentalen vierbändigen, schließlich 1959–1964

> Die **Patrologia Latina** (PL) und die **Patrologia Graeca** (PG) wurden von Jacques-Paul **Migne** (1800–1875) herausgegeben. Diese Sammlung lateinischer (217 Bde.) und griechischer (162 Bde.) Kirchenväterschriften reproduziert nur ältere Ausgaben, gilt daher als „unkritisch".

erschienenen Werkes: „In Corenc, unweit von Grenoble, bei Schwestern von der Vorsehung, machte ich mich in den ersten Apriltagen des Jahres 1956 an die Arbeit. Zunächst in bescheidenem Umfang geplant, schwoll das Buch übermäßig an. Ich fand Gefallen daran und es machte mir Freude, eine Unzahl von Texten in kleine Bündel zu sortieren (ein wenig so, wie ich es bei *Corpus mysticum* getan hatte). Dabei machte ich eine Reihe interessanter Entdeckungen, ich nahm ungeahnte Verästelungen wahr, schloß Freundschaft mit ein paar wenig oder kaum bekannten Leuten. Bei der Arbeit wurde mir zunehmend *die maßgebliche Bedeutung dieser so außergewöhnlichen Verknüpfung der beiden aufeinanderfolgenden Testamente* bewußt, wie sie stets bedroht, und in der Großkirche doch immer festgehalten oder wiederhergestellt wurde. Immer deutlicher sah ich, wie diese Verknüpfung die ganze Geschichte und die ganze Lehre der Kirche vom ersten Jahrhundert an bis in unsere Tage herauf beherrscht. (...) Ich bewunderte diese herrliche Synthese des ganzen christlichen Glaubens und Denkens, der ganzen christlichen Spiritualität, wie sie in der sog. Lehre vom ‚vierfachen Schriftsinn', an ihrem Quellpunkt erfaßt, enthalten ist. Ich war glücklich, durch meine Arbeit einem der zentralen Elemente der katholischen Tradition Gerechtigkeit widerfahren zu lassen, das in der Moderne so arg verkannt wurde und doch Verheißungsträger einer Erneuerung blieb" (Rückblick, S. 310f.).

Im März 1958 gelingt es den beharrlichen Bemühungen von Pater Augustin Bea S.J., Beichtvater des Papstes, sowie des Provinzials unter Umgehung der römischen Oberen dem Papst vier Bücher de Lubacs nebst einem devoten Begleitschreiben des Autors zu überreichen. Pius XII. läßt unverzüglich und herzlich danken und ermutigt de Lubac. General Janssens ist verunsichert und will den Brief, weil nicht offiziell, nicht sehen. Janssens, nicht richtig informiert über die wahre Tätigkeit de Lubacs, meint, mit der Zulassung zu Vorlesungen über Hinduismus und Buddhismus sei nun der ursprüngliche Zustand wiederhergestellt. De Lubac muß richtigstellen und darauf verweisen, daß er auch Fundamentaltheologie an der Theologischen Fakultät gelehrt habe. Schließlich kommt ein versöhnlicher Brief des Generals, der von Mißverständnissen spricht und daß Gott denen, die ihn lieben, alles zum Guten führe (Rückblick, S. 321).

Im Dezember 1958 bringt Kardinal Gerlier mündlich aus Rom die Zusage für die Wiederaufnahme der Vorlesungen mit. Der Pater General sagt nun, er habe de Lubac nie von seinem Lehrstuhl entfernt. Die Kongregation für die Seminarien zeigt sich auf eine inoffizielle Anfrage hin verwundert, daß eine Lehrbefugnis erbeten werde für jemand, der sie seit 1929 besitze, ohne daß sie je entzogen worden wäre.

Der General bittet mit Brief vom 19. Juni 1959 de Lubac, seine Lehrtätigkeit an der Fakultät wieder aufzunehmen. Vom November 1959 bis 1. März 1960 übernahm de Lubac denn auch nochmals einige Vorlesungen und bat sodann um Entpflichtung. Einige Monate später erhielt er von der Fakultät den Titel eines Honorarprofessors.

Etwa zeitgleich mit der Rehabilitierung wird de Lubac eine große Ehre auf gesellschaftlicher Ebene zuteil: Am 5. Dezember 1958 wählt man ihn zum Mitglied der *Académie des sciences morales et politiques,* einer der fünf Zweige des *Institut de France.*

Auseinandersetzung mit Hans Küng

Aus deutscher Sicht ist es interessant, daß Henri de Lubac sich 1958 gezwungen sah, seinen Mitbruder Henri Bouillard gegen Hans Küng in Schutz zu nehmen. Dieser hatte sich zunächst von Bouillard bei der Abfassung seiner Doktorarbeit über Karl Barth (1957) helfen lassen, dessen Barth-Interpretation aber schon ein Jahr später heftig und ein wenig von oben herab kritisiert. Küng hatte in seiner sehr wohlwollenden Barth-Studie anhand einiger weniger Belege zu beweisen versucht, Barth vertrete in der Rechtfertigungslehre eine katholisch akzeptable Position. Bouillards differenziertere und skeptischere Sicht mußte sich von Küng vorwerfen lassen, sie wirke bremsend in der Ökumene. Bouillards Ergebnis lautete: Trotz vereinzelter Bemerkungen über den „kreatorischen Charakter" der Gnade bleibt für Barth das Rechtfertigungsgeschehen dem Menschen letztlich doch äußerlich. Sie ist nur das Bezeugen der objektiv in Christus schon geschehenen Rechtfertigung, aber sie bewirkt kein neues Sein des Menschen.

Henri de Lubac wies darauf hin, daß es der Ökumene nicht diene, wenn vorschnell vermeintliche Übereinstimmungen behauptet werden, ohne daß mit der nötigen Sorgfalt der wirkliche Sinn der Aussagen des Apostels Paulus herausgearbeitet worden ist, und ohne daß das Rechtfertigungsdekret des Konzils von Trient hinreichend ernst genommen wird.

Karl Barth (1886–1968), reformierter Theologe („Dialektische Theologie"), Hauptwerk: *Kirchliche Dogmatik* (1932–67).

Henri de Lubac, *Zum katholischen Dialog mit Karl Barth,* in: *Dokumente* 14 (1958) 448–454.

Hans Küng, *Rechtfertigung. Die Lehre Karl Barths und eine katholische Besinnung,* 1957.

Henri Bouillard, *Karl Barth,* I. Genèse et Évolution de la Théologie dialectique, II./III. Parole de Dieu et Existence humaine, 1958. Küngs Besprechung in: *Dokumente* 14 (1958) 236f.

Mitarbeit am Zweiten Vatikanischen Konzil

Am 25. Januar 1959, am letzten Tag der Weltgebetsoktav für die Wiedervereinigung der Christen, überrascht der neugewählte Papst Johannes XXIII. in der Kirche St. Paul vor den Mauern in Rom die anwesenden Kardinäle mit der Nachricht, er beabsichtige, ein Konzil einzuberufen. Am 17. Mai (Pfingsten) desselben Jahres wird die „vorbereitende Kommission" unter Leitung von Kardinal Tardini eingesetzt. Ein Jahr später, es beginnt die zweite Phase der Vorbereitung, werden zehn Kommissionen und zwei Sekretariate eingerichtet. Die meisten *Kommissionen* (Arbeitsausschüsse) entsprechen den Aufgaben der römischen Kongregationen. Aufgabe der vorbereitenden Kommissionen ist es, aus den Anregungen der Bischöfe und Theologen sowie aus den Ratschlägen der Kommissionen Entwürfe *(Schemata)* zu den Texten zu erstellen, die das Konzil dann beraten und schließlich verabschieden sollte. Die Mitglieder dieser Kommissionen, Bischöfe und theologische Ratgeber *(Consultoren)*, wurden einerseits von den Leitern der Kommissionen, die mit den Präfekten der jeweiligen Kongregationen identisch waren, und andererseits vom Papst persönlich ernannt. Als Mitglied einer der vorbereitenden Kommissionen wurde de Lubac dann auch *Peritus* (wörtlich: Erfahrener, frei: Experte) des Konzils.

Zwei verdächtige Periti und ein mißtrauischer Kardinal

Im August 1960 liest de Lubac zufällig in der Zeitung (Rückblick, S. 404), daß er, zusammen mit dem Dominikanerpater Yves Congar, vom Papst in die *Theologische Kommission* berufen worden war, der der Präfekt des Heiligen Offiziums, Kardinal Ottaviani, vorstand. Giuseppe Roncalli, der spätere

MITARBEIT AM KONZIL

Papst Johannes XXIII., war zur Zeit der Affäre um Fourvière Nuntius in Paris und hatte die Sache recht genau verfolgt. Er war allerdings nicht konsultiert worden und mit der Entfernung von de Lubac und Congar von ihren Lehrstühlen keineswegs einverstanden. Ein erstes positives Signal des Papstes war eine beträchtliche Geldspende für die *Sources chrétiennes,* die als Produkt von Fourvière auch mit in die Verdächtigungen hineingezogen waren. Die Berufung zweier Theologen aus dem Jesuiten- und Dominikanerorden in eine das Konzil vorbereitende Kommission durfte nun als Symbol dafür gewertet werden, daß der Papst einen Schlußstrich unter die Affäre ziehen wollte und die beiden Theologen stellvertretend für alle, denen Unrecht geschehen war, für vollkommen rehabilitiert hielt.

Über die Einzelheiten der Arbeit in dieser Kommission breitet de Lubac in seinem *Rückblick* vornehm den Mantel des Schweigens. Den wenigen Erinnerungen, die er veröffentlicht hat, ist jedenfalls zu entnehmen, daß er sich nicht nur mit dem Arbeitsstil einer Kommission und mit der Art von Texten, die hier zu entwerfen waren, sehr schwer tat, sondern daß offenbar auch Kardinal Ottaviani noch keineswegs in der gleichen Weise wie der Papst von der Zuverlässigkeit de Lubacs überzeugt war, so daß er seine Arbeit behinderte.

> Vgl. Lenk, S. 106, dem auch unveröffentlichtes Material zur Verfügung stand. Vgl. auch Klaus Wittstadt (Hg.), *Geschichte des Zweiten Vatikanischen Konzils* (1959–1965), Bd. 1, 1997, S. 273–278.

1961 wurde von ihm als Mitglied der theologischen Kommission ein Gutachten über die „verschiedenen Arten der Gotteserkenntnis" erbeten. Da dieses Gutachten niemals diskutiert wurde und auch sonst zu nichts diente, konnte de Lubac nicht umhin zu mutmaßen, daß es als Test seiner Rechtgläubigkeit erfunden worden war (Rückblick, S. 404).

Immerhin gelang es ihm, die von einer Gruppe geforderte Verurteilung Teilhard de Chardins abzuwenden sowie auch seine eigene, verfälscht wiedergegebene theologische Position richtigzustellen. Um dies zu erreichen, mußte de Lubac allerdings das ganze Gewicht seiner mittlerweile wieder erworbenen theologischen Autorität in die Waagschale werfen und für den Fall, daß seine Einwände keine Berücksichtigung fänden, mit dem Rückzug aus der Kommission unter Angabe der Gründe drohen.

Unmittelbarer und mittelbarer Einfluß

Von größerem Erfolg gekrönt war die Mitarbeit de Lubacs in einer der Unterkommissionen, die das „Schema 13" bearbeiteten, das den Grundstock für die *Pastoralkonstitution „Gaudium et spes"* darstellte. Als Autor von *Die Tragödie des atheistischen Humanismus* war er Experte in Fragen des Atheismus. Sowohl für Erzbischof Wojtyla wie auch Kardinal König, den Leiter des Sekretariats für die Nichtgläubigen, wurde er ein wichtiger Ratgeber. Die Artikel 19 bis 22 von *Gaudium et spes,* in denen es um den modernen Atheismus und die angemessene Antwort der Kirche geht, läßt bis in einzelne Formulierungen hinein die Inspiration de Lubacs erkennen.

Größer jedoch als der unmittelbare Einfluß auf die Gestaltung der Texte war gewesen, daß de Lubac sich theologisch einen so bedeutenden Namen gemacht hatte, daß seine Bücher von vielen Bischöfen gelesen worden waren und durch ihre Vermittlung viel von Buchstabe und Geist der Werke de Lubacs auch zu Buchstabe und Geist des Konzils wurde. Denn, so Karl Heinz Neufeld, „für das Ergebnis und die bleibende Bedeutung einer Kirchenversammlung sind nicht so sehr die Diskussionen und die Protokolle der Verhandlungen entscheidend; was bleibt, sind die verabschiedeten offiziellen Erklärungen. Wenn in ihnen de Lubac hier und da direkt als Quelle zitiert wird, dann steht fest, daß sich das Konzil Gedanken von ihm zu eigen machte, selbst wenn er nicht jedesmal der einzige ist, der die jeweilige Überzeugung entwickelte oder vertrat. Immerhin kam der Theologe hier mit Anregungen zum Zuge, die bestimmte neue Sichtweisen bekannt gemacht oder nachdrücklich vermittelt hatten. Meist hatte er bei Kirchenvätern oder in der späteren Theolo-

KARL HEINZ NEUFELD, *Henri de Lubac S.J. als Konzilstheologe. Zur Vollendung seines 90. Lebensjahres,* in: *Theologisch-praktische Quartalschrift* 134 (1986) S. 149–159, 153.

gie entscheidende Gründe entdeckt und nachgewiesen, daß bestimmte Ideen schon in der alten Kirche Heimatrecht besessen hatten."

Daß Papst Paul VI. de Lubacs Bücher über die Schrift als Offenbarungszeugnis und die wesentlichen Merkmale christlicher Schriftdeutung kannte und schätzte und auch als maßgeblich für die soeben vollständig abgeschlossene *Offenbarungskonstitution „Dei Verbum"* betrachtete, läßt sich an zwei symbolträchtigen Gesten ablesen, an die Karl Heinz Neufeld erinnert: Am 18. November 1965 lud der Papst neben einigen anderen Theologen auch Henri de Lubac ein, mit ihm die Heilige Messe zu feiern, während der die *Offenbarungskonstitution* feierlich verabschiedet wurde. Und im Anschluß an die ökumenische Schlußfeier des Konzils mit den nichtkatholischen Beobachtern ganz zu Ende des Konzils lud er Henri de Lubac zusammen mit Oscar Cullmann und Jean Guitton für den darauffolgenden Sonntag zum Essen an die päpstliche Tafel ein.

Oscar Cullmann (1902–1999), reformierter Exeget und Theologe, offizieller Konzilsbeobachter seiner Kirche.

Jean Guitton (1901–1999), katholischer Schriftsteller und Philosoph, seit 1955 an der Sorbonne in Paris.

Unmittelbar nach Beendigung des Konzils tritt de Lubac mit Kommentaren und Erläuterungen zu den wichtigsten Dokumenten hervor und bemüht sich so um eine dem Buchstaben und Geist des Konzils angemessene Rezeption.

Kommentare zu Konzilstexten

Zur Präambel und zu Kapitel 1 der *Offenbarungskonstitution* hat de Lubac drei Jahre später einen ausführlichen Kommentar veröffentlicht. Darin unterstreicht er den personalen Charakter der Offenbarung Gottes in Jesus Christus. *Dei Verbum*, Wort Gottes, die programmatischen Anfangsworte der *Offenbarungskonstitution* meinen nicht zuerst die Heilige Schrift, sondern die Person des Offenbarers Jesus Christus, das Wort Gottes schlechthin, in dem Gott in der Fülle der Zei-

HENRI DE LUBAC, *La Révélation divine* (Die göttliche Offenbarung), 1968, nicht ins Deutsche übersetzt.

ten zu uns gesprochen hat. Jesus Christus ist die eine Quelle der Offenbarung, Schrift und Tradition sind nicht selbst Offenbarungsquellen, sondern Weisen ihrer Vermittlung.

Die Konzilsaussagen über die *Kirche* hat de Lubac in verschiedenen Beiträgen kommentiert, die er 1967 unter dem Titel *Paradoxe et Mystère de l'Eglise* zusammenfaßte. Die Anregung dazu ging von Hans Urs von Balthasar aus, der mit einer Übersetzung dieser Beiträge zur Kirche 1968 die Herausgabe der Werke de Lubacs in deutscher Sprache eröffnete: *Geheimnis, aus dem wir leben,* 1968, worin allerdings nicht alle Aufsätze des französischen Originals enthalten sind.

Auch eine Einführung in die *Pastoralkonstitution* wurde von de Lubac erbeten. Aus entsprechenden Vorträgen entstand das Bändchen *Athéisme et sens de l'homme. Une double requête de Gaudium et spes,* 1968 (nicht übersetzt).

Im Sekretariat für die Nichtglaubenden und in der *Internationalen Theologenkommission*

Noch während des Konzils wurde de Lubac in die vom Papst errichteten Sekretariate für die Nichtchristen (1964) und für die Nichtglaubenden (1965) berufen. Die Mitgliedschaft darin brachte ihm zwar nicht viel Arbeit, jedoch wurde ihm gerade auch anhand des in der Kommission für die Nichtglaubenden herrschenden Tones klar, wie sehr sich die nachkonziliare Theologie von dem zu entfernen begann, was er für katholische Theologie hielt. Die unkritische Übernahme einer rein soziologischen Sichtweise der Kirche und innere Tendenzen zur Säkularisierung konnte er nicht billigen. Er sah sich aber mit seinen Auffassungen bald an den Rand gedrängt.

1969 wird Henri de Lubac auch in die neu konstituierte *Internationale Theologenkommission* geholt. Zu diesem Kreis gehörten auch Hans Urs von Balthasar, Karl Rahner, Joseph Ratzinger, Rudolf Schnackenburg und Heinz Schürmann, um nur die deutsch-

---

Internationale Theologenkommission: Den Papst beratendes Gremium, der Glaubenskommission zugeordnet und von deren Präfekt geleitet. Es sollen ihr Theologen verschiedener Schulen und Nationen angehören. Sie wird jeweils für fünf Jahre bestellt.

sprachigen Teilnehmer zu erwähnen. Eine Vorlage für die Theologenkommission zum Thema Natur und Gnade bildete den Grundstock für das Buch *Petite catéchèse sur Nature et Grâce,* Paris 1980 (nicht übersetzt), worin die Hauptaussagen de Lubacs zur Gnadenlehre nochmals zusammengestellt und mit einigen Verdeutlichungen versehen sind.

Verteidigung Teilhard de Chardins

Eine der großen Herausforderungen der Theologie sind die Ergebnisse der modernen Naturwissenschaften, besonders die Frage nach der Vereinbarkeit von Evolutionstheorie und Schöpfungsglauben, Menschwerdung Gottes und Erlösung in Christus. Mit dem Namen Pierre Teilhard de Chardin verbindet sich der kühne Versuch, die naturwissenschaftliche Sicht vom Menschen von der Theologie her aufzugreifen und in eine umfassende, Natur- und Heilsgeschichte aufeinander beziehende, alle Wirklichkeit auf Christus hin konzentrierende Deutung einzubinden.

Teilhard de Chardin, Theologe und zugleich ausgewiesener Naturwissenschaftler, machte den Begriff der *Entwicklung* zum Zentralbegriff der Theologie selbst, indem er eine „evolutive Christologie" entwarf. Der gesamte Kosmos ist auf die Hervorbringung des Menschen angelegt. Die Entwicklung der Menschheit ihrerseits läuft auf die Menschwerdung Gottes zu, die sich an einer bestimmten Stufe der Entwicklung ereignet und zum Ausgangspunkt für eine neue Dynamik wird. Gott in Christus ist das Zentrum des ganzen Kosmos, der im kosmischen Christus als Punkt Omega auf sein definitives Ziel zuläuft.

Teilhards Theorien waren von Anfang an umstritten. Insbesondere seine Deutung der Erbsünde (im Sinne einer „Gegen-Evolution") ist theologisch unannehmbar. Seine Aufenthalte in Fernasien dienten nicht nur der Forschung, son-

Pierre Teilhard de Chardin S.J. (1881–1955), Jesuit seit 1899, 1905–08 Physiklehrer an einem Ordenskolleg in Kairo, 1922 Prof. für Geologie in Paris, über 20 Jahre zu Forschungsreisen in Fernasien, 1929 an der Entdeckung des Pekingmenschen, des ältesten damals bekannten Exemplars menschlicher Vorfahren, beteiligt. 1948 Rückkehr nach Paris, stirbt am Ostersonntag 1955 in New York.

dern waren auch eine Art Exil. Auf Anordnung seines Ordens durfte zu seinen Lebzeiten keine seiner philosophisch-theologischen Schriften im Druck erscheinen, und noch im Frühjahr 1961 wird de Lubac daran erinnert, daß über Teilhard nichts geschrieben werden dürfe. Dies sollte sich bald ändern.
Es hatte sich im Vorfeld des Konzils eine breite Front gebildet, die die Werke Teilhard de Chardins verurteilt sehen wollte. Im Frühsommer 1961 wird de Lubac nun ganz unerwartet von der Ordensleitung selbst damit beauftragt, so schnell wie möglich ein Buch zur Verteidigung Teilhards zu verfassen. Bereits im Frühjahr 1962 erscheint das Buch. Henri de Lubac verlegt sich nicht auf eine Darstellung der naturwissenschaftlichen Aspekte im Denken Teilhards, sondern arbeitet seine Mystik heraus, auf die all sein Denken konzentriert ist. De Lubac belegt den kirchlichen Charakter und den missionarischen Grundimpuls seines Freundes und Mitbruders, ohne freilich die Grenzen in seinem Werk zu verschweigen. Teilhard wollte den Menschen des Wissenschaftszeitalters Christus nahe bringen, die Sprachlosigkeit zwischen Naturwissenschaft und Theologie überwinden sowie die Kluft zwischen Glauben und Wissen überbrücken. Damit hat er Neuland betreten, und das bringt Risiken mit sich. Sein Unternehmen verdient nach de Lubac nicht nur eine gerechtere Beurteilung, sondern Anerkennung und Dank.

Obwohl von den Ordensoberen angefordert und gutgeheißen, wäre das Buch dennoch beinahe auf die Liste verdächtiger Bücher gekommen. Es brachte de Lubac immerhin ein *Monitum* (Ermahnung) des Lehramtes ein, der *Osservatore Romano* veröffentlichte eine anonyme Kritik, und es durfte zunächst weder neu aufgelegt noch übersetzt werden! Nun aber, das erste Mal, ergreift General Janssens entschieden Partei für de Lubac: In einem Brief vom 27. August 1962 heißt es abschließend: „Ich bin der Meinung gewesen, Ihr Buch sei ein Dienst an der Kirche und an der Wahrheit und wünschte, daß es veröffentlicht wird. Ich habe diesen Entschluß nicht zu bedauern" (zitiert in: Rückblick, S. 358). Überhaupt hatte sich

HENRI DE LUBAC, *La pensée religieuse du Père Teilhard de Chardin*, 1962, dt. *Teilhard de Chardins religiöse Welt*, 1969.

MITARBEIT AM KONZIL

die Haltung des Generals de Lubac gegenüber mit dem Jahr 1961 grundlegend gewandelt. Es schien eine große Last von ihm gefallen zu sein und er begegnete de Lubac fortan mit allen Zeichen des Wohlwollens. Das Verbot der Neuauflage der ersten Verteidigungsschrift veranlaßte de Lubac, gleich noch ein Buch zu schreiben (1). Im Abstand von weiteren zwei Jahren kam ein drittes (2). Schließlich folgte die Veröffentlichung eines Gedichtes von Teilhard, das dieser während des Ersten Weltkrieges verfaßt hatte, zusammen mit einem langen Kommentar de Lubacs, der die darin enthaltene Mariologie Teilhards herausarbeitet und würdigt (3). Nicht zuletzt steht im Dienst einer gerechten Würdigung des großen Jesuiten und Naturforschers die Herausgabe und Kommentierung seines Briefwechsels mit Maurice Blondel (1965, dt. 1967), und seiner familiären Korrespondenz aus Kairo (4), die ihn als jungen, tiefgläubigen Naturforscher bekannt machen und lebendig werden lassen, der „Gott in allen Dingen zu finden" gewiß ist. Wenige Monate vor Beendigung des Konzils war de Lubac von Pater Boyer (seines und Teilhards heftigster Gegner) gebeten worden, bei der feierlichen Schlußsitzung des von Boyer geleiteten Thomistenkongresses am 10. September 1965 im großen Saal des „Palazzo della Cancelleria" in Rom „mit Sympathie" (!) über Teilhard zu sprechen. Dahinter stand der ausdrückliche Wunsch von Papst Paul VI. (Rückblick, S. 360). Dies durfte als besonderer Ausdruck der Wertschätzung Teilhards und als Schlußpunkt einer geradezu wütenden Anti-Teilhard-Kampagne betrachtet werden.

Ebenfalls in die Konzilszeit fällt de Lubacs *50. Ordensjubiläum* im Oktober 1963. Schüler und Freunde widmen ihm zu diesem Anlaß eine dreibändige *Festschrift* mit dem bezeichnenden Titel *L'homme devant Dieu* (Der Mensch vor Gott), die in der Reihe *Théologie* (Bde. 56–58) erscheint. Darin wird das Werk de Lubacs umfassend gewürdigt bzw.

(1) Henri de Lubac, *La Prière du Père Teilhard de Chardin*, 1964, 2. Aufl. 1967, dt. *Der Glaube des Teilhard de Chardin*, 1968.

(2) Henri de Lubac, *Teilhard, missionnaire et apologiste*, 1966, dt. *Teilhard de Chardin, Missionar und Wegbereiter der Kirche*, 1969.

(3) Pierre Teilhard de Chardin, *L'Eternel Féminin*, 1968, dt. *Hymne an das Ewig Weibliche*, 1968.

(4) Pierre Teilhard de Chardin, *Lettres d'Egypte*, 1963, dt. *Briefe aus Ägypten*, 1965.

zum Ausgangspunkt weiterer Detailstudien genommen. Der erste Band enthält Aufsätze zum Thema „Exegese und Patristik", der zweite Band trägt den Untertitel „Vom Mittelalter bis zum Zeitalter der Aufklärung", der dritte schließlich greift „Perspektiven der Gegenwart" auf.

Ein Buch, das zu früh kam

Während der Konzilspausen und in der Zeit, die ihm neben der Verteidigung von Teilhard verbleibt, macht sich de Lubac an die Fertigstellung des vierten Bandes von *Exégèse médiévale,* der 1964 erscheint, nachdem die ersten beiden Bände schon 1959, der dritte Band 1961 vorgelegt worden war. Dieses materialreiche Werk kam, man kann es nicht anders sagen, viel zu früh. Die theologische Tagesdiskussion war viel zu sehr mit der endlich errungenen Anerkennung der historisch-kritischen Exegese beschäftigt, als daß sie Verständnis hätte aufbringen können für ein Werk, das diese Exegese, ohne sie im geringsten abzuwerten, in den großen theologischen Gesamtzusammenhang einordnet. Erst drei Jahrzehnte später scheint sich auf breiterer Basis ein neues Verständnis dafür zu regen, was de Lubac schon damals meisterhaft dargestellt hatte.

Deutsch unter dem gemeinsamen Titel HENRI DE LUBAC, *Die Freiheit der Gnade:* I. *Das Erbe Augustins,* II. *Das Paradox des Menschen,* 1971. Somit ist **Surnaturel** zwar nicht original ins Deutsche übersetzt, doch bringen die beiden Bände die wesentlichen Teile. Kurztitel = **Freiheit der Gnade I+II.**

Von seinen „Zwillingen" spricht de Lubac im Blick auf zwei zusammengehörende Bücher aus dem Jahre 1965, die das Thema von *Surnaturel* aufgreifen, auf die vorgebrachte Kritik reagieren, und, ohne wesentliche inhaltliche Veränderungen gegenüber 1946 und 1949, manches präzisieren: „Der eine Band, *Le mystère du surnaturel,* entfaltet in derselben Anordnung und ohne die geringste Veränderung an der Lehre den 1949 unter diesem Titel in den ‚Recherches' veröffentlichten Aufsatz. (...) Der andere Band, *Augustinisme et théologie moderne,* ist der ebenso getreu und mit neuen Texten versehene neu herausgegebene erste Teil des alten *Surnaturel* [1946]" (Rückblick,

S. 414). Der Philosoph und Thomas-Kenner Etienne Gilson (1884–1978) schrieb am 21. Juni 1965 an de Lubac: „*Le mystère du surnaturel,* das ich eben verschlungen habe, ist schlechthin vollkommen (...). Sie haben alles gesagt, was man sagen kann, vornehmlich dieses höchst Wichtige, daß man am Ende zu schweigen hat. Denn es geht ja wirklich um ein Mysterium."

Lettres de monsieur Etienne Gilson au père de Lubac, 1986, S. 73 (auch dt. in: Rückblick, S. 416).

Krise zum Heil?

Schon vier Jahre nach Abschluß des Konzils beklagt de Lubac öffentlich die einseitige Aufnahme der Dokumente der zurückliegenden Kirchenversammlung.

An der Universität von St. Louis (Missouri/USA) hält er einen Vortrag, der erweitert unter dem Titel *L'Eglise dans la Crise actuelle* 1969 (dt. *Krise zum Heil?,* 1970*)* veröffentlicht wurde. De Lubac beobachtet einen Bruch mit der Tradition, so als habe die Theologie erst mit dem II. Vatikanum zu sich selbst gefunden. In *Zwanzig Jahre danach* spricht er von einem „Untergrundkonzil", das schon seit 1962 tätig gewesen und 1968 offenkundig geworden sei, fest entschlossen, sich von den vorausgehenden Konzilien von Trient und Vaticanum I abzusetzen (S. 36). Die *Pastoralkonstitution „Gaudium et spes"* hatte eine „Öffnung zur Welt" empfohlen. Damit war nicht eine Anpassung an die Welt gemeint. Vielmehr sollte eine ängstliche Haltung überwunden werden, in der sich die Kirche egoistisch „in eine Art Quarantäne" zurückzieht und die Menschheit ihrem eigenen Schicksal überläßt. „Doch erleben wir jetzt nicht", so de Lubac, „daß ganz im Gegenteil auf Grund einer massiven Täuschung diese ‚Öffnung' zum Vergessen des Heiles, zur Entfremdung vom Evangelium, zur Verwerfung des Kreuzes Christi führt, zu einem Weg in den Säkularismus, zu einem Sich-gehen-lassen in Glaube und Sitten, kurz zu einer Auflösung ins Weltliche, einer Abdankung, ja einem Identitätsverlust, d. h. zum Verrat unserer Pflicht der Welt gegenüber?" (*Krise zum Heil?,* S. 29).

Lebensabend in Paris

Im Jahre 1974 schließen die Jesuiten Hochschule und Kolleg in Lyon-Fourvière und de Lubac zieht wieder nach Paris, wo er seinen Lebensabend verbringen wird. Trotz des voranschreitenden Alters ist Henri de Lubac eine erstaunliche Schaffenskraft gegeben. Er kann eine Reihe von Buchprojekten zum Abschluß bringen. Erst im Oktober 1986 wird er einen Schlaganfall erleiden, der ihn zwar körperlich zeichnet, seine geistige Präsenz jedoch nicht beeinträchtigt. Ein zweiter Schlaganfall im Advent 1989 wird ihn ganz seiner Fähigkeit zu reden berauben.

Die 70er Jahre sind für de Lubac auch überschattet von mancher Enttäuschung. Er, der das Zweite Vatikanische Konzil in so vielfältiger Weise vorbereitet hatte und sich noch wenige Jahre zuvor gegen den Vorwurf zur Wehr setzen mußte, ein Neuerer zu sein, gilt nun plötzlich als Vertreter einer alten, vermeintlich überholten Theologie.

Enttäuschungen

> Der Text des Briefes im lateinischen Original und in Übersetzung in: *Rückblick*, S. 546–549.

Zu seinem 80. Geburtstag am 20. Februar 1976 erhält de Lubac einen handschriftlichen Brief von Papst Paul VI. Er zeigt ihn seinem Hausoberen. Doch der will ihn gar nicht sehen, ebenso wenig wie sein Provinzial. Mehr noch als das Desinteresse schmerzt de Lubac die möglicherweise dadurch ausgelöste Irritation, denn der Brief ist offenkundig so verfaßt, daß man in Rom davon ausgeht, der Adressat werde ihn auch den Oberen bekannt machen. Als dann der Direktor von *France catholique* ohne Zutun de Lubacs von der Existenz des Briefes erfährt und de Lubac um die Veröffentlichung bittet, wird de Lubac dies von seinen Oberen ohne weiteres gestattet. Am 25. März 1977 wird der Brief publiziert. Im Monatsbulletin der Gesellschaft Jesu des darauffolgenden Mai steht nur eine kurze Notiz dazu. So mußte der Eindruck entstehen, de Lubac selbst habe, indiskret, die Publikation lanciert.

Ein weiteres Beispiel: Die (neuen) Herausgeber der *Sources chrétiennes* erbitten 1978 von de Lubac eine theologische Einleitung zur geplanten Edition von *De sacerdotio* (Über das Priestertum) von Johannes Chrysostomus, der ersten bedeutenden Darstellung einer Theologie des Priesteramtes. De Lubac verfaßte einen Text, in dem er sich auf die dogmatischen Aspekte im Werk des großen Erzbischofs von Konstantinopel beschränkt und die spirituell-theologischen Aspekte nur am Rande streift. So betont de Lubac die Kontinuität der Entwicklung in der Theologie des Priestertums von den neutestamentlichen Ursprüngen an. Die Behauptung, das Verständnis vom Priestertum habe sich im Laufe der Kirchengeschichte vom neutestamentlichen Zeugnis bis zu Chrysostomus vom anfänglichen Diener des Wortes zum Kultdiener, d. h. Priester wieder im heidnischen Sinn, verfälscht, weist de Lubac zurück. Auch verschweigt er nicht, daß nach Chrysostomus wie für die gesamte Tradition der Kirche die Zuordnung des Priestertums zum männlichen Geschlecht nicht kirchliche Satzung, sondern im Stiftungswillen Jesu begründetes göttliches Recht ist, insofern der Priester Christus, den Bräutigam der Kirche, repräsentiert. Als der Band als 272. der *Sources chrétiennes* dann 1978 erscheint, ist de Lubacs theologische Einleitung nicht darin enthalten. Eine Gruppe einflußreicher Leute hatte sich dagegen gesperrt. De Lubac wollte das Erscheinen des Bandes nicht gefährden, zog sein Manuskript zurück und veröffentlichte es als Aufsatz in einer Fachzeitschrift (Rückblick, S. 511f.).

> HENRI DE LUBAC, Le dialogue sur le sacerdoce de Saint Jean Chrysostome, in: Nouvelle Revue Théologique 100 (1978), S. 822–831.

Während de Lubac von Vertretern einer sich fortschrittlich wähnenden Richtung als mittlerweile hoffnungslos veraltet angesehen wird, fehlt es andererseits auch nicht an Stimmen, die ihn nun an vorderster Stelle für die angebrochene Krise in der Kirche verantwortlich machen. 1975 bekommt de Lubac in Photokopie Auszüge aus dem Buch *Gethsemani* des Erzbischofs von Genua, Kardinal Siri, zugeschickt. Der Kardinal prangert „historisches Bewußtsein", „Hermeneutik" und „existentiellen Bezug" als die Charakteristika einer ins Verderben führenden Theologie an, wofür neben Karl Rahner und Jacques Maritain allen voran de Lubac schuld sei. De Lubac verwahrt sich in einem Brief vom 15. November 1975 „mit dem Ausdruck schmerzlicher Verwunderung" (Rückblick, S. 535) entschieden gegen diese Vorwürfe. Ohne sich auf eine Diskussion mit Siri einzulassen, verweist de Lubac auf die Anerkennung seines Werkes durch Papst Pius XII. sowie das Urteil von Etienne Gilson. Die Aufforderung de Lubacs, Siri möchte seine Anschuldigungen öffentlich zurücknehmen, blieb unerfüllt. Statt dessen wird *Gethsemani* auch ins Französische und andere Sprachen übersetzt.

Kardinal Joseph Siri, Gethsemani. Überlegungen zur theologischen Bewegung unserer Zeit, 1982.

23.06.05

Späte Werke

In den 70er Jahren sind aus der Veröffentlichungsliste de Lubacs vor allem zwei Werke hervorzuheben, die sich mit zwei ganz unterschiedlichen Persönlichkeiten aus der Theologiegeschichte befassen, der eine wie der andere noch nicht richtig gewürdigt, Joachim von Fiore im Blick auf seine verhängnisvolle Wirkungsgeschichte, Pico della Mirandola im Blick auf seine unbezweifelbare Kirchlichkeit und Rechtgläubigkeit: *Pic de la Mirandole* (1974), sowie *La postérité spirituelle de Joachim de Flore* (1979/1981), beide Werke liegen nicht in deutscher Übersetzung vor.

Pico della Mirandola, Renaissance-Philosoph, 1461–1494.

Trotz einer Reihe neuerer Einzelstudien über Pico hielt de Lubac ihn nach wie vor für verkannt. Er vermißt selbst bei sehr gewissenhaften Historikern der Renaissance ein wirkliches Verständnis der großen christlichen Humanisten, ein Defizit, das er schon im Zusammenhang mit Erasmus von Rotterdam hatte feststellen müssen. Der Stoff zu einer Pico-Monographie, so schreibt de Lubac, wurde über 40 Jahre hinweg zusammengetragen, in denen er sich in seinen freien Minuten mit Vorliebe mit diesem seinem „jungen und alten Freund" befaßte. De Lubac sieht (und verehrt) in Pico den Vertreter einer wahrhaft katholischen, die Inkarnation in den letzten Konsequenzen ernst nehmenden und in sein philosophisches Denken nach und nach einbeziehenden Philosophen. Nicht nur, daß Pico sich leidenschaftlich für Origenes einsetzte und gegen die mittelalterliche Auffassung von der Verdammung des Origenes die These verfocht, es sei vernünftiger zu glauben, Origenes sei gerettet, als er sei verdammt worden: er gehört zu denen, die das Wesen der geistigen Schriftauslegung, die von Paulus und den Vätern grundgelegt wurde und in der Verknüpfung der beiden Testamente ihr hermeneutisches Prinzip hat, verstanden und auch praktiziert hat. Während de Lubac sich zu Denkern wie Origenes und Pico vorbehaltlos bekennt (ohne ihre Schwächen zu übersehen) und aus seiner Sympathie ihnen gegenüber kein Hehl macht, ist sein Verhältnis zu Joachim von Fiore eher zwiespältig.

Schon im 3. Band von *Exégèse médiévale* (S. 437–558) hatte de Lubac die Lehre Joachims im Zusammenhang mit seinen Schriftauslegungsprinzipien dargelegt. Ende der 70er Jahre konnte er aus dem vielen Material, das er zur Wirkungsgeschichte Joachims gesammelt hatte, eine zweibändige Monographie abschließen. Zunächst habe ihn, so gesteht de Lubac, das Werk dieses seltsamen kalabresischen Abtes, die kraftvolle Originalität seiner Exegese und auch die Weite seiner Visionen durchaus fasziniert. Und er ist sogar bereit zuzugeben, „daß eine Art von Semi-Joachimismus (die der wahren Absicht Joachims vielleicht gar nicht so fremd ist), (...) eine tastende Suche nach eben dem gewesen ist, was die normale Entwicklung der katholischen Tradition sein soll, (...) die in der durch die Kirche selbst entdeckten immerwährenden Fruchtbarkeit des Evangeliums liegt, aus dem sie sich auf ihrer Pilgerschaft angesichts jeder neuen Situation (...) *nova et vetera* [neues und altes, vgl. Mt 13,52] herausholt". Doch sieht er letztendlich in ihm und vor allem in seinen geistigen Erben, und zwar gerade im Gegensatz zu Pico (und auch im Gegensatz zu Origenes) die spiritualistischen, das Geheimnis der Inkarnation des göttlichen Wortes in der Geschichte hintergehenden oder zu gering veranschlagenden Mißverständnisse der biblischen Botschaft grundgelegt. So fällt de Lubacs Urteil schließlich hart aus, wenn er in den von ihm so bitter beklagten Tendenzen der Säkularisierung innerhalb der Kirche und im Überhandnehmen sozialer Utopien in ihr letztlich ein Erbe Joachims bzw. seiner geistigen Nachfahren erkennt (vgl. Rückblick, S. 516).

20 Jahre danach – über Buchstabe und Geist des Konzils

HENRI DE LUBAC/ANGELO SCOLA, *Zwanzig Jahre danach*, 1985.

In den 80er Jahren kam auch in der Theologie das „Interview" in Mode. Auch der nunmehr fast 90jährige Henri de Lubac ließ sich aus Anlaß des 20. Jahrestages des Konzilsabschlusses von dem italienischen Professor Angelo Scola interviewen.

Die in diesem Gespräch in einer ungezwungenen und lockeren Form dargebotenen Beurteilungen und Erinnerungen überschneiden sich in vieler Hinsicht mit dem, was de Lubac auch in *Meine Schriften im Rückblick* festgehalten hat.

Das Gespräch bezieht sich zunächst auf die Vorgeschichte des Konzils. De Lubac erinnert an die Erneuerung der Theologie aus den Quellen der Heiligen Schrift und der Theologie der Kirchenväter. Er rekapituliert die Debatte über *Surnaturel* und die Enzyklika *Humani generis* und hält fest, daß das Konzil tatsächlich den Dualismus zwischen Natur und Gnade dahingehend überwunden hat, daß es ausdrücklich von dem einen Endziel des Menschen spreche: Gott.

Breiten Raum nehmen in dem Gespräch die ekklesiologischen Themen ein. Gerade auch die *Kirchenkonstitution „Lumen gentium"* werde noch viel zu wenig wahrgenommen. Während das Konzil den Mysterien-Charakter der Kirche, ihr Gegründetsein im Wirken Christi unterstreicht und von dorther die sakramentale Struktur und darin die Bedeutung des Bischofsamtes und der bischöflichen Kollegialität in

Verbindung mit dem Papst entfaltet, drängten sich, so der Eindruck de Lubacs, unter dem Druck einer rein soziologischen Betrachtungsweise in der Kirche rein äußerlich organisatorische Fragen in den Vordergrund. Nicht zuletzt warnt er in diesem Zusammenhang vor einer Überbetonung der nationalen Bischofskonferenzen und ihrer Apparate.

Bedenkenswert bleiben nicht zuletzt de Lubacs Aussagen zu Exegese und Hermeneutik, und daß *Dei Verbum,* „ein Text auch über die Tradition", noch viel zu wenig erforscht und rezipiert worden ist. Die geforderte Synthese von historischer Erforschung der Schriften und theologisch-spiritueller Erfassung ist erst noch zu leisten. „Ferner spricht diese Konstitution über den Alten und Neuen Bund, die aufeinander verweisen. Doch vor allem geht es um den personalen Charakter der Offenbarung in Jesus Christus" (Zwanzig Jahre danach, S. 86).

Newman, Erasmus und eine Christus-Ikone

Den Überblick über das Leben de Lubacs sollen zwei Eintragungen aus den Tagebüchern des französischen Schriftstellers Julien Green beschließen, der, nur vier Jahre jünger als der Theologe, im Mai 1978 de Lubac zum erstenmal persönlich begegnet und ihn sehr bald überaus schätzen lernt. De Lubac bekennt seinerseits, er lese die Bücher Greens gerne. Green, dessen bewegte Lebensgeschichte von zwei Bekehrungen zur katholischen Kirche gekennzeichnet ist (eine erste 1915, und nach einer buddhistischen Zwischenphase, die zweite 1939), notiert sich seine Eindrücke. Zum 16. Mai 1978 heißt es: „Vor ein paar Tagen Besuch bei Pater Lubac, den ich nicht kannte und der mich mit charmanter Courtoisie in einem kleinen Raum im fünften Stock eines modernen Gebäudes an der Rue de Sèvres empfing. An den Wänden Bücher, doch weniger, als ich erwartet hätte. Schlank, schwarz gekleidet, ein feines Gesicht, Augen von schönem Blau und einem sehr einnehmenden Ausdruck, die eine

> **Julien Green** (1900–1998), französischer Schriftsteller, seine *Tagebücher* von 1926 bis 1990 sind 1991–1995 in fünf Bänden deutsch erschienen; hier zitiert aus Bd. 4., 1994.

John Henry Newman (1801–1890): englischer Theologe und Gründer eines Oratoriums (= Priestergemeinschaft), 1845 Übertritt von der anglik. zur katholischen Kirche, 1879 Kardinal. Seine *Entwicklung der Glaubenslehre* (Bd. VIII der dt. Gesamtausgabe) ist bahnbrechend auf dem Weg zu einer Theorie der Dogmenentwicklung; besonders lesenswert seine Predigten (dt. in 11 Bd.n, 1948 f.).

Erasmus von Rotterdam (1466–1536) Bedeutendster christl. Humanist; u.a. erste krit. Ausgabe des Neuen Testaments.; prangerte schon vor Luther Mißstände in der Kirche an, teilte aber nicht dessen Rechtfertigungslehre, die er in *De libero arbitrio* (Vom freien Willen) 1524 angriff.

gebändigte und ruhige Kraft ausstrahlen. Er sagt mir, wie sehr er Newman bewundert."
Green empfand dieses erste Gespräch noch ein wenig stockend, verabschiedete sich aber in der Hoffnung auf weitere Begegnungen. Es sollten zahlreiche Gespräche folgen. Hier nur noch ein Ausschnitt aus den Aufzeichnungen zum 20. November 1978: „Gegen Ende des Nachmittags suchte ich Pater de Lubac auf. Ich fand ihn in dem winzigen Zimmer, in dem er arbeitet. Ein wenig abgespannt zuerst, aber von bezaubernder Herzlichkeit (...) in diesem sehr schlichten Dekor aus Büchern, zwischen denen ich die Reproduktion einer wunderschönen russischen Christus-Ikone bemerkte, und weiter unten, an die Bücher gelehnt, ein Bildnis des Erasmus. Als er dann über das Konzil sprach, blühte der Pater plötzlich regelrecht auf und verjüngte sich außerordentlich. Dieser schwarzgekleidete große Greis mit dem schmalen Gesicht strahlt vor Spiritualität. (...) Er sagt mir, er kenne das Konzil, da er mit der Konzilskommission zusammengearbeitet habe, und die Legende des Konzils, so wie sie sich in der Öffentlichkeit festgesetzt hat, entspreche in keiner Weise der Realität. Was man die rheinländische Gruppe [gemeint sind wohl u.a. Kardinal Frings, Erzbischof von Köln, und dessen Berater Joseph Ratzinger] genannt hat, setze sich aus hervorragenden Theologen zusammen. Verwirrung herrsche allein in den postkonziliaren Tätigkeiten. Nie habe Frankreich einen seriösen Journalisten zum Konzil geschickt; sie waren immer nur auf das Bonmot, die Anekdote aus, die sich eigneten, dem Publikum etwas Pittoreskes zu liefern. Später fügt er hinzu, daß in der heutigen Welt das Gebet hinter der Aktion zurücktrete, als wäre das Gebet nicht etwas anderes; er erwartet viel von Johannes Paul II., den er gut kennt und dessen Energie und Behutsamkeit er schätzt. ‚Die Kirche bewegt sich', sagte er mir, ‚aber sie hat sich immer bewegt.'"

24.06.'05

II. Theologie in der Geschichte

Paradox und Mysterium

Henri de Lubac hat kein systematisches Hauptwerk hinterlassen, in dem er die Summe seines Denkens zusammengefaßt hätte. Sein Werk ist vielseitig, im doppelten Sinn des Wortes. Seine Schriften verwirklichen nicht einen lange gefaßten Plan. Er sagt vielmehr selbst, fast alle seine Schriften seien aufgrund unvorhergesehener Umstände entstanden. „Ich habe nie den Anspruch erhoben, ein philosophisches System oder eine theologische Gesamtschau zu bieten. Und zwar nicht etwa deswegen, weil ich so etwas gering schätzen würde, im Gegenteil (...). Meine Absicht bestand nur darin, die große Überlieferung der Kirche in Erinnerung zu bringen, die ich als die gemeinsame Erfahrung aller christlichen Zeiten verstehe. Denn diese Erfahrung bringt unserer schwachen individuellen Glaubenserfahrung Licht, Orientierung und Weite. Sie bewahrt vor Verirrungen, vertieft sie im Geiste Christi und öffnet ihr Wege in die Zukunft" (Rückblick, S. 474).

... nur ein „Theologiehistoriker"?

Man sollte sich allerdings durch solche und andere bescheidene Selbstbeschreibungen de Lubacs nicht täuschen lassen. Zwar stellen viele seiner Werke begriffsgeschichtliche Abhandlungen dar, wenn er etwa in *Corpus mysticum* geradezu detektivisch den Zuordnungen der Adjektive „mystisch" und „wahr" zum Begriff *corpus* nachspürt, oder wenn er der Frage nach einer angeblichen doppelten Endbestimmung des Menschen nachgeht und die Weichenstellungen ausfindig macht, von wo ab dann die bisherige Tradition verlassen wird. Als erkenntnisleitendes Interesse liegt jedoch aller „Begriffsarchäologie" eine theologische Einsicht zugrunde, so daß die Theologiegeschichte im Dienst der theologischen Wahrheitsfindung steht.

Siehe S. 38 im biographischen Teil und in diesem Teil S. 142–144.

Synthetisches Denken

De Lubacs Werk sperrt sich auch gegen die Zuordnung zu einem bestimmten theologischen Fach. Zwar hat de Lubac im Laufe der 30er Jahre die Lehrstühle für Fundamentaltheologie und Religionsgeschichte übertragen bekommen und vertretungsweise auch ein paar Vorlesungen in Dogmatik gehalten, doch kann man ihn nicht als einen Fachgelehrten im üblichen Sinne bezeichnen. Die Art und Weise, wie er sich den Themen näherte, welche Fragen er aufgriff, war, wenn wohl nicht eigentlich neu, so doch unüblich und originell. In den verschiedensten Arbeits- und Forschungsgebieten gehören seine Beiträge zu den Standardwerken. In der Patrologie: Das Werk über das Schriftverständnis des Origenes gilt als Klassiker. In der Mittelalterforschung hat sich seine Deutung der Lehre des hl. Thomas über das eine Endziel des Menschen durchgesetzt. Und die große Erforscherin der mittelalterlichen Exegese, Beryl Smalley, hat 1983 eingeräumt, daß die Studien de Lubacs ihr Standardwerk weitgehend überholt sein lassen. Die neueren Interpreten des italienischen Renaissance-Philosophen Pico della Mirandola schließen sich der von de Lubac begründeten Sichtweise an, die Pico nicht als Synkretisten, sondern als christlichen Humanisten deutet, der tief in der Tradition der Vätertheologie verwurzelt ist und aus der Herzmitte des christlichen Glaubens heraus eine Gesamtschau von Welt und Geschichte versucht. In der Dogmatik schließlich gingen von de Lubac sowohl in der Gnadenlehre, damit zusammenhängend in der theologischen Anthropologie, als auch in der Lehre von der Kirche entscheidende Impulse aus.

> BERYL SMALLEY, *The Study of the Bible in the Middle Ages* (1952), Vorwort zur 3. Auflage, 1983.

Das Denken de Lubacs ist in hohem Maße synthetisch, also auf Zusammenschau hin ausgerichtet und es wirkt damit der Tendenz zu immer größerer Spezialisierung und immer differenzierterer Arbeitsteilung in der Theologie entgegen.

Will man de Lubac dennoch einem bestimmten theologischen Fach zuordnen, dann wird man ihn einen Fundamentaltheologen nennen müssen. Wie er selbst sagt, besteht seine ganze Leidenschaft darin, den Glauben der Kirche zu verteidigen, allerdings nicht in einer Haltung der Abwehr, sondern in einer Haltung, die den Nichtglaubenden gewinnen, Brücken schlagen und Hindernisse abbauen will. Viele Ausführungen de Lubacs werden mißverständlich oder müssen als unvollständig angesehen werden, wenn man sie als dogmatische Abhandlungen (siehe S. 31) betrachtet, die sie gar nicht sein wollen. Er ist davon überzeugt, daß der Glaube aus sich heraus strahlt und Überzeugungskraft besitzt, sofern er nur wirklich er selbst ist und nicht in entstellter Form vorgetragen oder vorgelebt wird: „Bevor das Christentum für die heutige Generation angepaßt dargeboten werden kann, muß es um jeden Preis erst wesenhaft es selbst sein. Und ist es einmal wirklich es selber, dann fehlt zur Anpassung nur noch wenig. Denn es gehört zu seinem Wesen, lebendig und immer aktuell zu sein. Die Hauptanstrengung besteht also darin, das Christliche in seiner Fülle und Reinheit *wiederzufinden.* Diese Anstrengung ist stets und pausenlos vordringlich, wie sich dauernd im Innern der Kirche eine Reform vollziehen muß. Denn wenn das Christliche ewig ist, können wir es nie endgültig erfaßt haben. Immer wieder entgleitet es uns an den Böschungen der Zeitlichkeit. Wie Gott selbst ist es immerfort da, in unteilbarer Ganzheit, wir aber sind mehr oder weniger abwesend. Es entgeht uns in dem Maß, als wir es zu besitzen meinen. Gewohnheit, Routine sind unerhört mächtig im Vergeuden und Zerstören. Aber wie anders fände man das Christliche wieder, als indem man zu seinen Quellen zurücksteigt, es in der Zeit seiner alles sprengenden Lebenskraft ergreift? Wie gewinnt man den Sinn so vieler Lehrsätze und Einrichtungen wieder, die bei uns immer der toten Abstraktion und dem Formalismus zustreben, als indem man in den schöpferischen Prozeß eintaucht, deren Ergebnis sie sind? Wieviel Ausgrabungen in der fernen Geschichte setzt das aber voraus! Wieviel mühsame Rekonstruktionen, die ihrerseits erst nach langen Annäherungen gelingen können! Kurz: wieviel ‚Archäologie'! Das ist natürlich nicht Sache aller, und doch muß es getan sein, und immer wieder. Man wähne nicht, das Ziel lasse sich billiger erreichen; versucht man's, so wird man zum Betrüger, und wo es um die höchsten Werte geht, tut mogeln nie gut. Vierzig Jahre Wüste waren erforderlich, um ins gelobte Land einzuziehen. Zuweilen ist viel staubiges Graben nötig, um die Brunnen lebendigen Wassers wieder springen zu lassen" (Glaubensparadoxe, S. 30f.).

„Mein wichtigstes Buch werde ich nie schreiben"

Henri de Lubac hat nicht nur kein systematisches Hauptwerk verfaßt. Er bekennt gar von sich, daß er sein wichtigstes Buch nie geschrieben hat. 1956 notiert er sich: „Seit langem schon, so scheint mir, ist die Idee eines Buches über die Mystik der inspirierende Hintergrund für mein ganzes Denken: von dort her beziehe ich meine Urteile, von dort her beziehe ich die Maßstäbe, um meine Ideen zu ordnen. Aber ich werde dieses Buch nie schreiben. Es übersteigt meine Kräfte: sowohl die körperlichen wie die intellektuellen wie die geistlichen. (...) Ich habe zwar einen klaren Begriff seiner gedanklichen Gliederung, aber das Feuer im Zentrum entzieht sich mir dauernd" (Rückblick, S. 367).

Damit hängt ein weiteres Charakteristikum seines theologischen Stils zusammen. Wie die einzelnen Fächer im Blick auf den Einheitspunkt der Theologie zusammengeführt werden müssen, so ist für de Lubac auch die Einheit von Leben und Lehre, von Theologie und Spiritualität zentral. Nicht nur die Trennung von Philosophie und Theologie, sondern auch die schon im Mittelalter sich abzeichnende Trennung auf dem Gebiet der Theologie selbst, nämlich die von Spiritualität und Theologie, suchte er zu überwinden. So wie er von den Studenten zu Beginn des Studiums eine Bekehrung erwartete (siehe S. 34), so wie er selbst in den Wirren um seine Person und angesichts der vielen ungerechtfertigten Verdächtigungen und Anfeindungen sich nicht in eine Gegnerschaft zur Kirche und den verantwortlichen Oberen seines Ordens hat drängen lassen, sondern in dem ihm widerfahrenen Leid eine

Form der Kreuzesnachfolge gesehen hat, so ist ihm grundsätzlich Theologie eine existentielle Aufgabe. Das Mysterium (siehe S. 87f.), dem der Theologe begegnet und worüber er reflektiert, ist zugleich Exemplum, Vorbild, Norm der Lebensgestaltung. Das alles erneuernde Christusereignis bezieht auch den Theologen, der sich ihm denkend und forschend nähert, in einen Erneuerungsprozeß mit ein.

„... wegen ihrer Schönheit ausgewählt"

Auf eine Hürde, die sich bei der Lektüre von de Lubacs Werken bisweilen in den Weg stellt, muß einleitend noch hingewiesen werden: Für den Leser, der nicht wenigstens über Grundkenntnisse des Lateinischen verfügt, ist die Lektüre einiger (durchaus nicht aller!) Werke de Lubacs schon nach wenigen Seiten entmutigend, weil er immer wieder mit ausführlichen lateinischen Zitaten konfrontiert wird. „Ich wurde öfters freundlich darauf hingewiesen", bemerkt er in dem Interview *Zwanzig Jahre danach*, „daß die meisten Texte, die ich zitiert habe, nicht übersetzt sind. Das mag aus Faulheit geschehen sein, aber auch deshalb, weil diese Texte wegen ihrer sprachlichen Schönheit ausgewählt wurden, welche durch eine Übersetzung beeinträchtigt worden wäre" (S. 88). In der Neuauflage von *Surnaturel* von 1991 hat man erstmals auch die Übersetzung aller Zitate im Anhang mitgegeben, und so geschieht es auch bei der neuen Werkausgabe (seit 1998).

Leidenschaft für die Theologie

Ein erstes Fazit aus dem bisher Gesagten könnte lauten: Bei de Lubac ist nicht in erster Linie das theologische Handwerk zu lernen, mit einem Schulbuch kann er nicht dienen. Wer sich auf ihn einläßt, wird vielmehr lernen, theologisch zu denken. Er wird einem faszinierenden theologischen Stil begegnen, einer Leidenschaft, die Wahrheit in ihrem Gang durch die Geschichte kennenzulernen. Kennzeichen dieses Stils ist die überwältigende Kenntnis der Theologiegeschichte und ein vertrauter Umgang mit allen bedeutenden Denkern der verschiedensten Epochen. Die konsequente Beschäftigung mit den Quellen selbst und Mißtrauen gegen zuviel Sekundärliteratur sind Ausdruck dieser Leidenschaft. „Nach seiner erstaunlichen (aber bezeichnenden) Manier schüttet er über den Text hin die Schätze seines unerschöpflichen Gedächtnisses aus, die in Fülle, aber Gefaßtheit gespeicherte Anstrengung aller Generationen", so beschreibt Michel Sales de Lubacs Darstellungsweise. Ignatius von Loyola leitet in seinem Exerzitienbuch dazu an, Gott in allen Dingen zu finden und einem Autor oder Gesprächspartner so weit als nur irgend möglich entgegenzukommen. De Lubacs Arbeitsstil erscheint als in der Theologie konsequent angewandte ignatianische Spiritualität.

<small>MICHEL SALES, *Der Mensch und die Gottesidee*, 1978, S. 28.</small>

Geschichte als Ort der Gottbegegnung

Mit dem Begriff der Geschichtlichkeit kann sich ein zweifaches Verständnis verbinden. Es gibt ein Interesse an der Geschichte, das in der geschichtlichen Entwicklung von Ideen nur deren Relativität belegt sieht: Alles ist geschichtlich geworden, „nur geschichtlich". Dieses Verständnis, Erbe des *Deismus*, weist de Lubac zurück. Geschichte ist nach christlichem Verständnis der Ort der Begegnung mit dem sich offenbarenden Gott. Geschichte ist weder Ausdruck von Relativität, noch auch Ballast, der sich einer Unmittelbarkeit mit Gott in den Weg stellt. „Gott handelt in der Geschichte, offenbart sich durch die Geschichte, noch mehr: Er geht selbst ein in die Geschichte und gibt ihr so jene ‚tiefere Weihe', die uns verpflichtet, sie im letzten ernst zu nehmen" (Glauben aus der Liebe, S. 145). Man muß sogar noch einen Schritt weiter gehen. Das Christentum als die Religion, die sich in der biblisch bezeugten Selbstmitteilung Gottes begründet weiß, nimmt nicht nur die Geschichte ernst,

<small>Zum *Deismus* vgl. die Randnoten auf S. 21 und S. 127.</small>

sondern ist letztlich die Religion, die das geschichtliche Denken überhaupt erst hervorgebracht hat. Ein Vergleich mit den außerbiblischen Religionen ergibt denn auch, daß allein das Christentum einen Sinn (= Richtung) der Geschichte kennt und somit nicht in Welt- und Geschichtsflucht mündet, sondern zur Gestaltung von Welt und Geschichte hinführt (Glauben aus der Liebe, S. 123 f.). Vor diesem Hintergrund ist dann aber auch die Dogmengeschichte der Ort, an dem sich das Zeugnis der geschichtlichen Offenbarung unter den Bedingungen menschlicher Sprache und Kultur weitervermittelt. *Die Bezeugung und Aneignung der geschichtlichen Offenbarung muß notwendigerweise selbst geschichtlichen Charakter haben*. Darin gründet de Lubacs Leidenschaft für die Theologiegeschichte. Beim Vergleich zwischen der Theologie der Kirchenväter mit gewissen Strömungen in der modernen religionsgeschichtlichen Forschung beobachtet de Lubac eine eigenartige Umkehrung. Während die frühen Theologen im Vergleich zu uns nur ein ansatzhaftes Wissen um geschichtliche Entwicklungen hatten und haben konnten, hatten sie doch ein ausgeprägtes Bewußtsein von der Einzigartigkeit der Selbstmitteilung Gottes in eben dieser Geschichte. Unsere Zeit besitzt demgegenüber ein unvergleichlich besseres Wissen um historische Details und kann Entwicklungsstränge im einzelnen nachzeichnen, hat aber andererseits jenes Verständnis von Geschichte verloren, das sie als Ort der Offenbarung Gottes sieht. Dies ist vor allem dann zurückzuweisen, wenn es sich um theologische Interpretationen handelt. De Lubac schließt sich den Worten von Theo Preiss an, der im Bezug auf die Originalität der christlichen Schriftdeutung ausgeführt hatte: „So fremd uns auch heute die Exegese, wie sie von den ersten christlichen Generationen geübt wurde, erscheinen mag, sie unterschied sich doch von der im hellenistischen Umfeld praktizierten durch ihr Geschichtsverständnis (...). In einer Welt, die der Geschichte ganz fremd gegenüberstand, hat diese Exegese, so phantastisch sie auch im Detail gewesen sein mag, doch gerade diesen Sinn für die Geschichte verteidigt, in dessen Namen wir sie heute oftmals

und mit einem gewissen Unverständnis, das unserem Sinn für Geschichte wahrlich nicht zu großer Ehre gereicht, einer Form mythologischen Denkens gleichstellen" (zitiert nach: Typologie. Allegorie. Geistiger Sinn, S. 391).
Das geschichtliche Denken de Lubacs geht einher mit einem personalen Verständnis des christlichen Mysteriums.

Die vielen Geheimnisse und das eine Mysterium

Nach neuscholastischem Verständnis besteht die Offenbarung Gottes primär in einer Mitteilung von Wahrheiten über Gott, die der menschlichen Vernunft von ihr selbst her unzugänglich und auch uneinsichtig sind. Theologie als Wissenschaft nimmt diese geoffenbarten Satzwahrheiten (Glaubensartikel, Dogmen) zum Ausgangspunkt für ein schlußfolgerndes Verfahren, worin die göttliche Wirklichkeit tiefer erforscht wird.
Dieses Theologieverständnis hatte sich im Zeitalter der Scholastik entwickelt, als in Übernahme der Wissenschaftstheorie des griechischen Philosophen Aristoteles Wissenschaft definiert wurde als ein Verfahren begründeter Wissensgewinnung, ausgehend von letzten, nicht mehr begründbaren Prinzipien. Gegenüber dieser Sicht, die das göttliche Geheimnis ganz von der Reichweite der menschlichen Vernunft und auf der Ebene des rational schlußfolgernden Denkens bestimmte, hatte sich bereits im 19. Jahrhundert in der *Tübinger Schule* und im beginnenden 20. Jahrhundert mit der sog. *Mysterientheologie* eine Rückbesinnung auf das biblische und patristische Verständnis von *Mysterium* abgezeichnet.

Patristisch: von *Patristik* (theologiegeschichtlicher Begriff) = Zeit der Kirchenväter (etwa bis 750).

Danach ist vor aller legitimen und notwendigen Ausdifferenzierung in die satzhaft formulierten Glaubensgeheimnisse Gott selbst das eine unerschöpfliche Mysterium, der in Jesus Christus das Mysterium seines Willens, und das heißt seinen Heilsplan, geoffenbart hat (vgl. Eph 1,9). Diese Selbsterschließung, die auf die Gemeinschaft Gottes mit den Menschen abzielt, ist ein zutiefst personales Geschehen. Jede personale

Mitteilung, beispielsweise eine Liebeserklärung, gründet letztlich in der Freiheitsentscheidung einer Person und bleibt deshalb in ihrer Tiefe unbegreiflich, auch wenn sie einem gesagt wird. Ähnlich wird auch durch die Offenbarung Gottes der Geheimnischarakter seines dreipersonalen Wesens nicht aufgehoben, sondern Gott ist und bleibt – gerade als der sich offenbarende und nahe – das unbegreifliche Geheimnis. Theologie ist vor diesem Hintergrund weniger ein schlußfolgerndes Verfahren zur Gewinnung tieferer Erkenntnis, als vielmehr vom Heiligen Geist ermöglichter Nachvollzug dieser Selbsterschließung Gottes in Jesus Christus. *Non est enim aliud Dei mysterium nisi Christus* (Es gibt kein anderes Mysterium Gottes außer Christus), zitiert de Lubac den hl. Augustinus (*Epistula* 187, 34). In Christus hat Gott sich den Menschen offenbart. Der Glaube ist die Antwort auf diese Mitteilung. In Christus ist somit auch das ganze Dogma enthalten: „Als Ereignis und als Offenbarung, als Wirklichkeit wie als Gegenstand des Glaubens trägt diese einzigartige und umfassende Wirklichkeit in Schrift und christlicher Tradition ein und denselben Namen: *Mysterium.* Es ist daher schon ein erster Schritt der Abstraktion, die Gabe von der Offenbarung der Gabe zu trennen, das Erlösungsgeschehen von der Erkenntnis der Erlösung, das Mysterium als Ereignis vom Mysterium als Glaubensgegenstand. Ein zweiter Schritt der Abstraktion ist, diese umfassende Offenbarung in Christus oder das Ganze des Dogmas von bestimmten Einzelwahrheiten zu trennen, die in für sich stehenden Aussagen über die Trinität, das fleischgewordene *Wort,* die Taufe, die Gnade usw. gefaßt werden." Diese Abstraktionen sind nach de Lubac legitim und notwendig, denn der menschliche Geist erfaßt eine komplexe Wirklichkeit nur, indem er differenziert und zergliedert. Die Theologie hat jedoch Sorge zu tragen, daß der ursprüngliche Zusammenhang nicht verloren geht, die Verknüpfung aller Dogmen mit ihrem einen Ursprung gewahrt bleibt und man nicht der irrigen Meinung erliegt, das *Mysterium* könne in rationalistischer Manier erschöpfend ausgesagt werden.

HENRI DE LUBAC, Le problème du développement du dogme, in: Théologie dans l'histoire II, 1990, S. 38–70, S. 65.

Im Zusammenhang mit dem *Mysterium* der Kirche beschreibt de Lubac, was christlich *Mysterium* heißt: „Das Mysterium ist in erster Linie etwas, das sich auf den Plan Gottes mit der Menschheit bezieht, mag es nun mehr das Ziel bezeichnen oder die Mittel zu dessen Verwirklichung. Es ist also nichts Irrationales, nichts Absurdes oder bestenfalls Widerspruchsfreies, demgegenüber man aber auf jedes Bemühen um Einsicht zu verzichten hätte; etwas, das sich der Durchdringung entzieht, wie eine senkrechte, glatte Mauer, an die man nur stoßen, die man nicht übersteigen kann. Ebensowenig ist es eine Wahrheit, die einstweilen für unser Forschen noch unzugänglich ist, ein Bereich, der dem menschlichen Verstand noch versagt bleibt, den er aber, wenn er weiter heranreift, allmählich einzukreisen oder sich anzueignen hoffen darf (...). Das Mysterium entzieht sich für immer dem menschlichen Zugriff, denn es ist qualitativ anders als jeder Gegenstand menschlicher Wissenschaft; und doch betrifft es den Menschen, es berührt uns, wirkt in uns, und seine Offenbarung gibt uns Klarheit und Einsicht über uns selbst (...). Der bevorzugte Platz des Mysteriums ist somit das Leben Christi (...). Die Taten Christi sind echte menschliche Taten, in unsere Geschichte hineingestellt – aber es sind Taten einer göttlichen Person. In jeder von ihnen macht Gott sich menschlich sichtbar und faßbar. Den Sinn des Lebens Christi fassen, heißt eindringen in die göttliche Wirklichkeit" (Geheimnis, S. 29f.).

Seine Denkform: das Paradox

Bei de Lubac eng mit dem Mysteriumbegriff verknüpft ist seine Rede vom *Paradox*. Max Seckler stellt fest: „Seine Denkform ist das Paradox." Für de Lubac haben alle Glaubensmysterien als bekenntnishafte Entfaltungen des einen ursprünglichen Mysteriums eine *paradoxale* Struktur.

Dies ist näher zu beleuchten und vor Mißverständnissen zu schützen. Unter einem *paradoxon* (von

MAX SECKLER, *Die scholastische „potentia oboedientialis" bei Karl Rahner und Henri de Lubac*, in: M. Thurner (Hg.), *Die Einheit der Person*. Festschrift Heinzmann, 1998, hier: S. 314.

griechisch *para* = gegen, und *doxa* = „Meinung" oder auch „Erwartung") versteht man seit der klassischen griechischen Philosophie eine „sonderbare", „überraschende", „schockierende" Aussage. Der Begriff ist auch im Neuen Testament belegt: In Lk 5,26 wird die Reaktion der Menschen auf die Heilung eines Gelähmten geschildert. Sie sind außer sich und sagen: „*Paradoxa* haben wir heute gesehen!" Die Einheitsübersetzung entscheidet sich für: „Etwas *Unglaubliches*". Die lateinische Übersetzung sagt: *mirabilia* (Wunderbares). Von diesem Sprachgebrauch her begegnet der Begriff in der Theologie der Väter.

An dieser biblisch fundierten Bedeutungstiefe werden später Pascal, Kierkegaard und Newman anknüpfen, hier setzt auch der Sprachgebrauch de Lubacs an. „Das ganze Dogma ist eine Folge von ‚Paradoxen', die den natürlichen Verstand außer Fassung bringen, und die nicht einen – unmöglichen – Beweis, sondern reflexive Rechtfertigung fordern. Denn wenn sich auch der Geist dem Unbegreiflichen unterwerfen soll, so kann er doch das Unverständliche nicht bejahen" (Glauben aus der Liebe, S. 290). *Paradox* meint also nicht Rätsel, auch nicht etwas Widersinniges, eher ist es Bezeichnung für die „Zumutungen" des Glaubens, Realitäten zusammenzudenken, die sich zwar offenkundig nicht ausschließen, wo aber der begrenzte menschliche Verstand oft nicht einsieht, wie sich die Dinge miteinander vereinbaren lassen. De Lubac nennt weitere Beispiele: „Gott erschafft die Welt zu seinem eigenen Ruhme, *propter se ipsum*, und dennoch aus reiner Güte; der Mensch ist aktiv und frei, und dennoch vermag er nichts ohne Gnade, und die Gnade bewirkt in ihm das ‚Wollen und das Vollbringen'; die Anschauung Gottes ist ein unverdientes Geschenk, und dennoch wurzelt sich die Sehnsucht danach in die letzte Tiefe jedes Geistes ein" (Glauben aus der Liebe, S. 290).

Ähnlich verhält es sich mit der Kirche: sichtbar verfaßte Gemeinschaft und doch auch unsichtbar. Mit Maria: zugleich Jungfrau und Mutter. Oder mit Christus: zugleich ganz Gott

---

Die beseligende **Anschauung** oder Schau Gottes (*visio beatifica*) bezeichnet die dem Menschen nach seinem Tod verheißene, durch Christus wieder eröffnete, alle seine Sehnsucht stillende Gemeinschaft mit Gott.

und ganz Mensch: „Die Vorstellung eines Gott-Menschen stößt das Denken vor den Kopf (...). Sogar wenn man dem Denkenden zeigt, daß er im christologischen Dogma keinen Widerspruch nachweisen kann: der Folgen sind doch so viele, daß er davor wie starr und gebannt stehen bleibt. Wie? ‚Er, der die eigene Macht und eigene Weisheit Gottes ist, in dem alle Dinge, die sichtbaren und unsichtbaren, geschaffen wurden: von Ihm soll man nun glauben, er sei eng umgrenzt in den Schranken dieses einst im Judenland erschienenen Mannes, er habe den Schoß einer Frau betreten, sei als kleines Kind geboren worden, wimmernd, wie es alle Neugeborenen tun!' (Origenes) (...). Verkündet man ihm dann erst noch das Kreuz, so wird das Maß für ihn voll. Ein Gott, der ‚geboren und gekreuzigt' sein soll (Justin)! O heilig-entsetzliches Geheimnis! ‚Ärgernis für die Juden, Wahnsinn für die Griechen!' (1 Kor 1,23). Und falls wir selber den Schock einer solchen Kunde nicht mehr verspürten: wäre nicht vielleicht unser so aufrichtiger, so gefestigter Glaube innerlich stumpf und brüchig geworden? Hat sich sein Gegenstand nicht vor unsern Blicken verharmlost, hat nicht Gewohnheit uns eingeschläfert, sind wir nicht unfähig geworden, in unserem Gebet oder Leben eine echte Miterfahrung des Ungeheuren zu erreichen?" (Die Kirche, S. 39 f.).

Der menschliche Verstand ist versucht, die in den *paradoxen* Aussagen liegenden Spannungen nicht auszuhalten und die Polarität zugunsten eines der beiden Begriffe aufzulösen.

Vor diesem Hintergrund läßt sich eine Definition von *Häresie* gewinnen: Rückzug auf das „nichts anderes als", Verkürzung der komplexen Gestalt des Mysteriums auf das dem „Einmaleinsverstand" des Menschen leichter Faßliche, und zu sagen: Nichts als! Christus: nur Mensch. Maria: nur Mutter. Die Kirche: nur unsichtbare Wirklichkeit.

Häresie: von griech. *hairesis* = Abtrennung, bezeichnet in der Theologie eine dem Dogma widersprechende Aussage.

Auf den Begriff des *Dogmas* angewandt, folgt daraus die Einsicht: *Dogma* ist das Offenhalten der katholischen Wahrheit und die Abwehr der einseitigen, verkürzenden Interpretationen (im Sinne von beispielsweise „Christus, nichts anderes als ein Mensch") durch das Bekenntnis: Ganz Gott und ganz Mensch. Entgegen einem populären Verständnis von *Dogma* als Eingrenzung des Denkens und Zementierung einer Teilwahrheit wird somit deutlich, daß *Dogma* im christlichen Sinne im Gegenteil die Zurückweisung verkürzender Interpretationen darstellt und die Befreiung und Weitung des Geistes auf das überraschend neue und vom Menschen unausdenkbare Geheimnis hin. Dieses *Paradox* hat nichts zu tun mit Widersprüchlichkeit, Widersinnigkeit oder gar einer „Quadratur des Kreises" (so Spinoza über das Dogma von der Einheit von Gott und Mensch in Jesus Christus).

Für de Lubac meldet sich hier das spezifisch „Katholische" im Unterschied zum „Protestantischen". Während sich letzteres oft in „Entweder – Oder"-Frontstellungen begibt, heißt es katholisch: Schrift *und* Tradition, Autorität *und* Freiheit, Glaube *und* Werke usw. (vgl. Freiheit der Gnade II, S. 272).

Zusammengehöriges, das auseinandergerissen wurde, wieder zu verbinden sowie falsche Alternativen aufzudecken und zu überwinden, ist eines der Hauptanliegen de Lubacs, das alle seine Schriften durchzieht. Karl Heinz Neufeld: „Die ganze theologische Arbeit de Lubacs belegt seine Mühe um Überwindung eines die Wirklichkeit künstlich auseinanderreißenden Dualismus und Extrinsezismus."

> KARL H. NEUFELD, Öffnung und Freiheit. Zum 90. Geburtstag von Kardinal Henri de Lubac S.J., in: *Zeitschrift für Theologie und Kirche* 108 (1986), hier: S. 321.

Wer vor dem großen Werk de Lubacs steht, der kann sich, so formuliert es Hans Urs von Balthasar, leicht vorkommen wie vor einem undurchdringlichen Dschungel. Wer sich aber mit dem Werk hinreichend vertraut macht, werde erkennen, wie alles letztlich aus einer Urintuition heraus entsteht und sich zu einem organischen Ganzen fügt.

Im folgenden soll anhand einiger zentraler theologischer Themen de Lubacs Beitrag dazu erschlossen werden. Er wird dabei immer wieder in längeren Zitaten selbst zu Wort kommen, damit sich auch etwas von seiner „theologischen Poesie" vermittelt. Nicht zuletzt soll deutlich werden, wie sehr de Lubac das Zweite Vatikanum vorbereitet und wie er dementsprechend auch als authentischer Ausleger zu gelten hat.

Der Mensch vor Gott

„Ja oder nein, hat das Leben einen Sinn? Hat der Mensch eine Aufgabe? Ich finde mich vor am Tun – und weiß doch nicht einmal, was Tun eigentlich ist; ich habe mich nicht selbst zum Leben bestimmt; ich bin mir nicht einmal so recht im klaren, wer ich bin und ob ich überhaupt bin. Dieser Anschein von Sein, der sich da in mir regt, dieses leichte, flüchtige, unwirkliche Tun: sie tragen, so sagt man mir, eine ewigkeitsschwere Verantwortung in sich. Selbst um den Preis des Blutes soll ich mir das Nichts nicht mehr erkaufen können; für mich sei dies unwiderruflich vorbei. Somit wäre ich also zum Leben verurteilt, zum Tode verurteilt, zur Ewigkeit verurteilt! Wie, mit welchem Recht, da ich es doch weder gewußt noch gewollt habe?"

Der Anstoß durch Maurice Blondel

Mit diesen Worten beginnt ein Buch, das seinem jungen Verfasser (siehe S. 22) die akademische Laufbahn ermöglichte und das Theologiegeschichte geschrieben hat: Maurice Blondels *L'Action* von 1893. *Action:* ein Wort, das schwer zu übersetzen ist, jedenfalls mehr bedeutet als „Tat", vielleicht umfassend „Daseinsvollzug". Diesem Daseinsvollzug und den sich darin ausdrückenden, im Menschen mitgegebenen Setzungen und Ausgriffen, möchte Blondel auf den Grund gehen: „Ich muß es vom Herzen haben. Wenn es etwas zu sehen gibt, dann muß ich das sehen. Ich werde vielleicht erfahren, ob – ja oder nein – auf die Rätselgestalt, die ich mir selbst bin, auf die Welt, die ich in meinen Blicken trage, auf die Wissenschaft, die mich bezaubert, auf den seltsamen Traum des Selbstbewußtseins wirklich Verlaß ist. Ich werde jedenfalls entdecken, was sich in meinem Tun verborgen hält, in jenem letzten Grund, wo ich – unwillig und widerstrebend – das Sein erleide und ihm zugetan bin" (Logik der Tat, S. 16).

Die Vorlage dieser Doktorarbeit ist ein missionarischer Akt. Die Fakultät, an der Blondel sie einreicht, ist die philosophische Fakultät der laizistischen Sorbonne in Paris. Hier bereitet sich die geistige Elite Frankreichs auf den Lehrberuf vor. Und sie legt höchsten Wert auf Unabhängigkeit von Religion und Kirche. *Séparation!* Die Philosophie genügt sich selbst und weist jeden Anspruch der Theologie zurück.
Blondel meinte lange, er sei zum Priester berufen. Nach einem intensiven inneren Ringen (man lese sein *Tagebuch vor Gott,* dt. 1964) und mit Unterstützung seines Beichtvaters erkannte er schließlich die sich ganz von Glaube und Kirche abschottende Welt der Philosophie als sein „Missionsgebiet". Sein Ziel wird es, die jungen Menschen, die an der Sorbonne studierten und deren Weltanschauung die Geistigkeit Frankreichs prägen würde, den christlichen Glauben näherzubringen. Zehn Jahre arbeitet er an seinem Erstlingswerk, mit dem er als Philosoph den Philosophen mit streng philosophischen Mitteln, also ohne sich auf Offenbarungswahrheiten zu stützen, das Ungenügen einer sich Gott verschließenden Weltanschauung nachzuweisen versucht. *L'Action* ist auch ein Meisterwerk des Laienapostolates.

Absolut unerreichbar und absolut notwendig: das Übernatürliche

„Was will einer, wenn er wirklich alles will, was er will?" Mit dieser Frage wird die Analyse des dynamischen Selbstvollzugs des Menschen in all seinen Ebenen vorangetrieben mit dem Ergebnis: die geistige und willentliche Strebedynamik des Menschen zielt über jede innerweltlich mögliche Erfüllung hinaus. Der Mensch hat nicht nur, er ist existentiell die Sehnsucht nach dem Absoluten. Nach über 400 Seiten messerscharfer Reflexion zieht Blondel das Fazit: „Es gibt im Menschen ein Leben, das besser ist als der Mensch, und dieses Leben vermag der Mensch nicht aus eigener Kraft zu hegen; es muß etwas Göttliches in ihm wohnen. *Absolut unerreich-*

bar und absolut notwendig für den Menschen: das ist genau der Begriff der Übernatur. Das Tun des Menschen geht über den Menschen hinaus, und das ganze Bemühen seiner Vernunft muß sich darauf richten einzusehen, daß er bei ihr nicht stehenbleiben kann" (Logik der Tat, S. 91).

In einem abschließenden Kapitel konfrontiert Blondel die Antwort des Glaubens mit der Frage, die der Mensch sich selber ist. Es zeigt sich, daß dem Menschen durch die Botschaft des Evangeliums von Menschwerdung, Tod und Auferstehung Jesu Christi, von der bleibenden Gegenwart des Absoluten in den Sakramenten und im Ruf zur Kreuzesnachfolge die Erfüllung der tiefsten Forderungen seines Denkens und Wollens, wie auch gleichzeitig deren Reinigung, Läuterung und Befreiung angeboten ist: „Wenn wir die notwendigen Ansprüche des menschlichen Tuns und die Kette aller zur Vollendung unseres Lebens erforderlichen Beziehungen derart bis zum Ende verfolgen, dann muß sich uns Gott selbst als ein Nichts darbieten, auf daß wir diesem scheinbaren Nichts wieder zu seiner Fülle verhelfen. Nach unserem Verstehen und Wünschen zu schließen, macht Gott sich so klein, daß wir ihn in der Hand halten können; so schwach, daß er unsere Arme und unsere Taten braucht; so niedrig, daß er sich Ebbe und Flut des Sinnenlebens aussetzt; so arm, daß wir ihn sich selbst zurückerstatten müssen; so tot, daß wir ihn in uns zu erzeugen haben, ähnlich wie jenes verborgene Weben, das aus der toten Speise lebende Zellen formt. Es war die große Versuchung, ‚wie Götter zu sein' – ein unerfüllbarer Traum. Und doch scheint es dem Menschen vergönnt, ein noch viel wunderbareres Wunder zu wirken: Auf daß wir selbst seien, müssen und dürfen wir bewirken, daß Gott für uns und durch uns ist" (Logik der Tat, S. 106f.).

Die Sorbonne nahm die Arbeit an. Blondel wurde Professor für Philosophie in Aix-en-Provence. *L'Action* aber wurde zum Manifest einer katholischen Erneuerung, die sich aus der geistigen Isolation zu befreien begann. Nach den Worten Tillietes kam *L'Action* und die mit ihr angeregte Theologie

XAVIER TILLIETTE, *Henri de Lubac: Das theologische Vermächtnis*, in: *Internationale Katholische Zeitschrift Communio* 22 (1993), hier S. 101.

für eine ganze Studentengeneration geradezu einer „Haftentlassung" gleich, indem die Selbstgenügsamkeit des Laizismus ihres geistigen Ungenügens überführt wurde.

Die von Blondel eingeleitete Überwindung der Trennung von Philosophie und Theologie, von Glaube und Welt, hat „drei aus der Theologie erwachsende Philosophien" angeregt, die mit den Namen Pierre Rousselot (1878–1915), Joseph Maréchal (1878–1944) und eben mit Henri de Lubac verbunden sind, der die von Blondel angestoßene Philosophie von der Theologie her ergänzte und vertiefte.

Peter Henrici, Die Bedeutung des Mysteriums für die Philosophie, in: Internationale Katholische Zeitschrift Communio 22 (1993) S. 154–163, hier: S. 156f.

Theologische Vertiefung

1932 schreibt de Lubac in einem Brief an Blondel, sein Werk sei es gewesen, „das mich vor nunmehr elf Jahren dazu veranlaßt hat, über diese Probleme [das Übernatürliche betreffend] nachzudenken, und ich glaube, daß ich seiner Inspiration treu geblieben bin. Wollte man diese zu definieren versuchen, dann möchte ich zur Formulierung gerne den folgenden Text Ihres ‚Itinéraire' [*Itinéraire philosophique*, 1928, Rechenschaft über seinen Werdegang und seine Werke] verwenden: ‚Man hat Angst durcheinanderzubringen, man soll sich aber davor fürchten, nicht genügend zusammenzubringen (...). Denn in der Tat, wenn man nicht gut zusammenzubringen versteht, dann vor allem hat man Angst, durcheinanderzubringen. Wenn sich heute das allgemeine Leben der Menschheit allzuoft vom Christentum abkehrt, dann vielleicht, weil das Christentum allzuoft aus dem Innersten des Menschen entwurzelt worden ist'" (Rückblick, S. 48f.). In einem weiteren Brief zerstreut de Lubac Blondels Sorge, in irgendeinem Punkt vielleicht nicht der Lehre der Kirche entsprochen zu haben. Er bestätigt vielmehr von theologischer Seite Blondels Auffassungen, und es sei nur zu bedauern, „daß sich kein Theologe fand, der hinreichend über die ganze Tradition auf dem laufenden gewesen wäre, um allen einsichtig zu machen, daß Sie noch tiefer im Recht waren, als dies gewisse Ihrer treuesten Schüler angenommen haben" (Rückblick, S. 52).

De Lubac hat im Blick auf *L'Action* betont, daß es bei Blondel nicht um die theologische Frage der glückseligen Gottesschau als Endziel des Menschen geht, sondern vielmehr, rein philosophisch, ausgehend von der Analyse des Willensantriebs, um die Pflicht des Menschen, letztlich zu wollen, was Gott will, um schließlich das zu wollen, was er will, wenn er alles will, was er will (vgl. Freiheit der Gnade II, S. 251). Dennoch gehen von ihm die entscheidenden Impulse aus auch für die theologische Frage, ob es für den Menschen ein doppeltes Endziel geben könne, oder ob es im Licht der biblischen Offenbarung für den Menschen letztlich nur eine Erfüllung geben kann, nämlich das Leben in und mit Gott in der beseligenden Schau Gottes, wie er ist.

De Lubac wollte und konnte sich nicht mit der in der *Neuscholastik* gängigen Auffassung abfinden, um der Freiheit der Gnade Gottes willen müsse eine *natura pura* (eine reine Natur) des Menschen angenommen werden, die auch ohne Gnade zu einer Art „natürlicher Seligkeit" gelangen könne. Denn, so wurde argumentiert, die Hinordnung allein auf Gott als dem einen Endziel mache Gott zum Schuldner des Menschen, der ein Recht habe auf die Gewährung dieser Erfüllung, wenn Gott ihn denn schon so geschaffen habe.

Zunächst einmal ließ sich das Fatale dieser Sichtweise an den Früchten erkennen, die sie hervorgebracht hatte. Die Trennung von Philosophie und Theologie, ja die Weigerung der Vernunft, sich der Botschaft des Evangeliums zu öffnen, konnte sich auf die innertheologische Weichenstellung selbst berufen: „Man verurteilte sich dazu, darin [in der übernatürlichen Ordnung] nur noch eine Art Überbau zu sehen. Die gewollte oder ungewollte Folge davon war, daß der Mensch die übernatürliche Ordnung sehr wohl vermissen, ja sogar noch heutzutage ohne größeren Schaden übersehen zu können meinte. Man raubte ihr jede Angriffsfläche sowohl im Denken wie in der menschlichen Existenz. Christliches Denken findet sich so in einem engen Kreis, in ‚eine entlegene Provinz des geistigen Universums' verbannt, wo es nur noch verkümmern kann. Ja gerade die ausdrücklichen Bemühungen einiger seiner Vertreter, die dadurch seine Transzendenz zu retten glaubten, haben es zum ‚Verbannten' gemacht. (...) Hat man um diesen Preis wenigstens den ersehnten Frieden erkauft? Keineswegs. Eine so billige Ruhe kann nur künstlich sein. Sie trägt in sich nicht die Harmonie, die allein dem überwundenen Gegensatz entspringt. Die verdrängte Vernunft rächt sich alsbald und erklärt, daß ein ihr unter solchen Bedingungen angebotenes aufgedrängtes Übernatürliches ein Phantasiegebäude ist (...). ‚Philosophie für sich' und ‚Theologie für sich' sind geschichtlich wie logisch korrelative Standpunkte" (Freiheit der Gnade II, S. 240 f.).

De Lubac geht davon aus, daß der christlichen Tradition der Gedanke an eine prinzipiell natürliche Vollendbarkeit des Menschen bis ins 16. Jahrhundert herauf fremd ist: *Ad te nos fecisti:* Auf dich hin hast du uns geschaffen, und unruhig ist unser Herz, bis es Ruhe findet in dir, o Gott! Mit diesen von de Lubac immer und immer wieder in Erinnerung gerufenen Worten aus den ersten Zeilen der *Bekenntnisse* des hl. Augustinus ist dieses traditionelle Glaubensbewußtsein bleibend gültig formuliert. Wie aber kam es zu jener Theorie?

Auf dem Weg zur Theorie von der *natura pura*

Es sind mehrere Entwicklungslinien, die im 16. Jahrhundert zusammenlaufen und zu ihrer Ausformung führen. Der Nachvollzug dieser Entwicklungsstränge und der Nachweis, wo die entscheidenden Abzweigungen von der Tradition geschehen, ist Hauptgegenstand der historischen Studien in *Surnaturel* (1946) und den beiden dieses Thema nochmals aufgreifenden Bänden *Die Freiheit der Gnade* von 1965.

Ein auslösendes Moment war, wie so oft in der Dogmengeschichte, die Abwehr einer häretischen Position, die ihrerseits in eine von der wahren Mitte abweichende Einseitigkeit

DER MENSCH VOR GOTT

führte. Stein des Anstoßes ist der Theologe Michael Bajus (1513–1589), der in Reaktion auf die Reformation wieder bei Augustinus und seiner ausgeprägten Gnadenlehre anknüpfen wollte. „Alles ist Gnade." Das war die Glaubenserfahrung Augustins. Versteht man diese Aussage nun aber nicht als Ausdruck *existentieller* Erfahrung, sondern in einem *seinsmäßigen* Sinn, dann bleibt kein Raum mehr für einen relativen Eigenstand der Natur, für Freiheit und Entscheidung. Augustinus hatte nun in der Tat seine Auffassung von Gnade nicht in einem *ontologischen* Sinn gemeint, bzw. diese Fragestellung war noch nicht die seine, sie wird erst mit der mittelalterlichen Philosophie und in den Auseinandersetzungen der Reformation in dieser Ausdrücklichkeit gestellt werden. Wenn man nun aber, wie Bajus und nach ihm auch Jansenius (1585–1638), diese aus einem späteren Kontext gewonnene Fragestellung an ihn heranträgt, verzerrt man die theologische Anthropologie Augustins. De Lubac spricht im Blick auf diesen sogenannten *Augustinismus* des 16./17. Jahrhunderts von bloßer Scheintreue. Ähnlich wie Luther setzt nun aber auch Bajus Natur und Gnade derart in eins, daß die nach dem Verlust der Gnade in der Ursprungssünde zurückbleibende Natur nur noch widergöttliches Begehren sei. Alle Werke der Heiden, und sind sie noch so gut und tugendhaft, seien Sünde, ihre Erkenntnisse nur Laster und Lüge. Alles was der Mensch ohne die Gnade tut, sei Todsünde. Diese Auffassung wurde 1567 von Papst Pius V. verurteilt, ohne daß das Lehramt sich allerdings auf eine *natura-pura-Lehre* gestützt hätte. Die Theorie der *natura pura* wurde nie vom Lehramt übernommen. Auch die orthodoxe Theologie kennt sie nicht. Sie war immer nur eine theologische Meinung.

Gegenüber diesem *anthropologischen Pessimismus* bemühten sich die katholischen Theologen um eine positivere Sicht der Natur des Menschen: auch die gefallene Natur hat einen Rest wahrer Freiheit bewahrt; die ungetauft sterbenden Kinder sind nicht automatisch der Höllenqual ausgesetzt; die

> Eine *existentielle* Erfahrung bezieht sich auf das konkrete menschliche Erleben, der *seinsmäßige* oder *ontologische* Sinn auf die philosophische oder theologische Frage nach dem Wesen der Dinge oder der Struktur des Seins. So kann sich etwa ein durch die Taufe (seinsmäßig) geheiligter Christ existentiell als Sünder erfahren.

Werke der Heiden sind nicht notwendig Sünde (vgl. Freiheit der Gnade I, S. 307). Diese gegen Bajus gerichtete Anthropologie verband sich nun mit weiteren geistesgeschichtlichen Strömungen.

Der Begriff *natura pura* taucht erstmals im 14. Jahrhundert auf. Im Rahmen gewisser Spekulationen darüber, was Gott in seiner Allmacht (hier schon mißverstanden als willkürliche Allmacht) alles hätte schaffen können, wird auch eine „reine Natur" ersonnen, das heißt ein Mensch, der nicht allein in Gott seine Vollendung finden könnte. Doch diese Spekulation war sich ihrer Künstlichkeit bewußt und bestätigt somit noch einmal die klassische Auffassung, daß Gott den Menschen in seiner Geistnatur so geschaffen hat, daß er nur in Gott seine letzte Erfüllung und Glückseligkeit erlangen kann. Ein weiterer Strang knüpft an bei den Lösungen auf die Frage, was mit den ungetauft sterbenden Kindern geschehe, die man nicht einfach für verdammt halten konnte. Wenn sie auch nicht in der beseligenden *Schau Gottes* vollendet sein würden, so könnten sie doch eine Art natürlicher Seligkeit erlangen, die dem Streben ihrer Natur entspreche.

Darüber hinaus hatte sich schon seit der Renaissance und der Wiederentdeckung der Antike, ihrer Philosophie und ihres humanistischen Ideals eine Theologie der reinen Natur angebahnt. Einen wichtigen Ausgangspunkt der Entwicklung stellt Dionysius der Kartäuser († 1471) dar, der, getragen von humanistischen Vorstellungen einer natürlichen Religion und einer reinen Philosophie, in ausdrücklichem Widerspruch zu Thomas von Aquin behauptete, das von den alten Philosophen ins Auge gefaßte Endziel des Menschen (die *Theoria*, d. h. die *Schau der Ideen*, Wahrheitserkenntnis) sei tatsächlich auch sein natürliches Endziel. Dionysius war sich allerdings der Tatsache bewußt, daß er sich damit in Widerspruch zu Thomas von Aquin brachte, der die alten Philosophen gerade kritisiert hatte, daß sie das wahre, eine Endziel des Menschen nicht erkannt hatten, nicht ohne sie gleichzeitig zu entschuldigen und zu bedauern, konnten sie ja auch vor der Offenbarung Christi dieses Endziel nicht erkannt haben (vgl. Freiheit der Gnade I, S. 161). Innerhalb eines halben Jahrhunderts vollzieht sich jetzt aber eine radikale Wende: Während Dionysius noch weiß, daß er gegen Thomas steht, wird Cajetan diese Theorie als Deutung des Thomas selbst ausgeben.

Im Hintergrund steht ein Wandel im Verständnis dessen, was mit „Natur" bezeichnet wird. Grundsätzlich geht es nicht um „Natur" im naturwissenschaftlichen Sinn, sondern um „Natur" im philosophischen Sinn. Aristoteles hatte gelehrt, daß jede Natur ein Ziel habe, und daß sie dieses Ziel prinzipiell erreichen könne aus den eigenen Kräften dieser Natur. „Das Streben der Natur kann nicht unerfüllt bleiben", heißt der Grundsatz. Der Stern zieht seine Bahnen, die Pflanze wächst und bringt ihre Frucht, das Tier geht auf die Jagd und findet seine Beute, das Auge ist ausgerichtet auf das Licht und findet sein Licht. Dem Verlangen der Natur entspricht eine auf der Ebene der Natur mögliche Erfüllung. Thomas von Aquin hatte die Naturphilosophie des Aristoteles übernommen. Allerdings hatte er im Blick auf den Menschen festgehalten, daß sich seine Natur von allen anderen Naturen wesentlich unterscheidet: die Natur des Menschen besteht in seiner Gottebenbildlichkeit. So ist der Mensch von Natur aus auf die Anschauung Gottes hin angelegt. Sie ist das eine wahre und letzte Ziel des Menschen; er kann dieses Ziel aber nicht aus den eigenen Kräften (seiner Natur) erreichen, sondern nur als Geschenk von Gott selbst her empfangen, der die Natur des Menschen heiligt und vergöttlicht. Im Rahmen der christlichen Theologie wird aus Natur Schöpfung. Insbesondere der Mensch steht zum Schöpfer in Beziehung durch die Gottebenbildlichkeit. Diese theologische Umformung der aristotelischen Naturphilosophie durch den hl. Thomas wurde von Cajetan und nach ihm vielen anderen (aufgrund eines sich wandelnden Verständnisses von Natur eben im Sinne der Naturwissenschaften) nicht mehr verstanden. Er interpretiert die Texte des Thomas, ohne diese Weitung mitzubedenken. Indem er von einer im aristotelischen Sinne ver-

Hl. Thomas **Cajetan** de Vio (1469–1534), Dominikaner, bedeutendster Theologe an der Schwelle zur Neuzeit. 1507–22 erarbeitet er einen vollständigen Kommentar zur *Summa theologiae* des hl. Thomas. 1518 Diskussion mit Luther.

standenen menschlichen Natur ausging, die ihre Erfüllung notwendig würde finden können, mußte er, um die Freiheit der Gnade zu wahren, davon ausgehen, daß die Sehnsucht des Menschen nach der Gottesschau nicht schon eine mit der menschlichen Natur als solcher gegebene Ausrichtung auf sein Endziel ist, sondern daß ihm diese erst gnadenhaft dazugegeben werden müsse.

„Cajetan, bald gefolgt von seinen zwei Mitbrüdern Koellin und Javelli, steht am Ursprung einer Deutung der Thomastexte, die sich im wesentlichen, durch allerhand Abwandlungen hindurch, bei zahlreichen Auslegern der Summa und Theologen bis auf unsere Tage durchhalten wird. Nach Cajetan kann der Mensch eine wahrhaft natürliche Sehnsucht nur nach einem Ziel empfinden, das ihm konnatural [d.h. seiner Natur entsprechend] ist; wenn Thomas von einer Begierde sprach, Gott von Angesicht zu Angesicht zu schauen, konnte er somit nur von einer Sehnsucht sprechen, die in *dem* Menschen erwacht, den der Theologe betrachtet, das heißt (so verdeutlicht er) in dem von Gott faktisch zu einem übernatürlichen Ziel erhobenen und von der Offenbarung erleuchteten Menschen" (Freiheit der Gnade I, S. 162 f.). Mit Cajetan sind die Weichen gestellt. Die sogenannte *Barockscholastik* wird, nicht ohne daß es auch warnende und skeptische Stimmen gibt, die de Lubac ebenso zu Wort kommen läßt, letztlich in denselben Gleisen fortfahren. Mit Robert Bellarmin (1542–1621) steht die Theorie der *natura pura*, wenngleich er in seinen geistlichen Schriften in glücklicher Inkonsequenz dem traditionellen Augustinismus treu bleibt. Einen großen und entscheidenden Schritt tut der Spanier Francisco Suarez (1548–1617). Mit ihm und seinen Schülern kommt die neue Lehre zum Durchbruch. Nur noch selten lassen sich Stimmen vernehmen, die an die ursprünglichen Auffassungen der großen Theologen des Altertums und Mittelalters erinnern. De Lubac nennt als Beispiel die geistlichen Werke Pierre de Bérulles. Die Auffassung aber, die sich durchsetzt, leugnet das Streben der Natur nach dem

Pierre de Bérulle (1575–1629), Kardinal, Vertreter einer an Christus orientierten Spiritualität; eine Auswahl seiner Werke in dt. Sprache: *Leben im Mysterium Jesu*, 1984.

Übernatürlichen, um der Möglichkeit des rein natürlichen Endziels Raum zu schaffen und die Freiheit der Gnade zu wahren. Gäbe es keine natürliche Seligkeit, erklärt Suarez, dann wäre das übernatürliche Endziel dem Menschen geschuldet (vgl. Freiheit der Gnade I, S. 243).

Das aber war nicht die Lehre eines Augustinus, Thomas oder Bonaventura, um nur die herausragenden Vertreter einer in dieser Frage völlig eindeutigen Tradition zu nennen: „Die Seele ist von Natur aus der Gnade fähig. Augustinus sagt nämlich: Eben darum, weil die Seele nach dem Bilde Gottes geschaffen ist, ist sie Gottes fähig durch die Gnade" *(Eo ipso quod facta est ad imaginem Dei, capax est Dei per gratiam, ut Augustinus dixit)* (Thomas, *Summa theologiae,* I-II, 113, 10).

Der menschliche Geist: Sehnsucht nach Gott

Darin besteht die Würde und der Adel des Menschen, daß ihm aufgrund seiner Geistnatur ein *Desiderium naturale ad videndum Dei,* ein natürliches Verlangen nach der Gottesschau, dem beseligenden Bei-Gott-Sein, eignet. Es handelt sich dabei nicht nur um eine unbegrenzte Offenheit im Sinne einer rein formalen und unbestimmten *potentia oboedientialis* (Hörfähigkeit), noch weniger um ein bloßes der Gnade gegenüber nicht prinzipiell widerständig sein (bloße *Non-Repugnanz*). „Halten wir fest, daß die Sehnsucht nach Gott eine absolute ist. Die absoluteste in allen unseren Sehnsüchten." De Lubac geht noch weiter, indem er den geschaffenen Geist definiert als Sehnsucht nach Gott: „L'esprit est (...) désir de Dieu" (Surnaturel, S. 483).

Durch den Sündenfall ist dieser göttliche Grund im Menschen nicht zerstört. De Lubac verweist in diesem Zusammenhang auf die schon bei Irenäus von Lyon bezeugte Unterscheidung von *imago* und *similitudo,* die in der lateinischen Übersetzung von Gen 1,26 (Laßt uns den Menschen machen als unser Bild [*imaginem*], uns ähnlich [*similitudinem*]) zum Tragen kommt. Die Sünde hat die Gottähnlichkeit zerstört, nicht aber die grundlegendere Gottebenbildlichkeit. Der Mensch ist seinem Wesen nach Bild Gottes. Sein Wesen wird bestimmt durch die Seele, die in der theologischen Tradition als der Ort der Gottessehnsucht beschrieben wird.

> **„Wolke von Zeugen"**: Ein Bildwort aus dem Hebräerbrief (12,1), wo die vielen Glaubenszeugen des Alten Bundes den Christen zur Ermutigung in Erinnerung gerufen werden. Charakterisiert de Lubacs Methode, möglichst viele Belege für seine Aussagen aufzuführen.

Um es mit einem aus der „Wolke von Zeugen" der christlichen Tradition zu sagen, einem ihrer wortgewaltigsten, Gregor von Nyssa: „O Mensch, verschmähe nicht deine eigene Kostbarkeit! Du bist gering, will dir scheinen, aber ich will dir zeigen, daß du in Wahrheit groß bist! (...) Achte wohl, wes Wesens du bist! Betrachte dein königlich Amt! Der Himmel ward nicht geschaffen zum Ebenbild Gottes wie du, noch der Mond, noch die Sonne, noch sonst irgendein Ding in der Schöpfung (...). Siehe, nichts, das besteht, vermag deine Größe zu fassen" (*Zum Hohenlied*, zitiert nach: Tragödie, S. 15 f.).

Übernatürliches Existential

Karl Rahner, der ebenso wie Henri de Lubac das *Zwei-Stockwerk-Denken* überwinden will, hat im Anschluß an de Lubacs *Surnaturel* vorgeschlagen, von einem *übernatürlichen Existential* im Menschen zu sprechen. Den Begriff *Existential* übernahm er von Martin Heidegger. Darunter ist eine mit dem Menschsein selbst gegebene Grundbestimmung zu verstehen wie etwa Zeitlichkeit oder Sprachlichkeit. Wie das *In-der-Welt-sein* oder die Sprache zum Menschen gehören, so gehört nach Rahner auch seine Ausrichtung auf Gott zum Menschen. De Lubac hat hier keinen Gegensatz zu seinem Anliegen gesehen, wenngleich ihm die Anleihe bei Heidegger unnötig schien und die Bestimmung dieses *Existentials* als eines *übernatürlichen* das Problem nur verlagere. Ganz einverstanden ist de Lubac mit Rahners Kennzeichnung des Menschen als eines sich selbst letztlich nicht vollständig aufhellbaren *Mysteriums*: „Der Mensch ist Geheimnis in seinem eigenen Wesen, in seiner Natur. Nicht weil er die unendliche

Fülle des ihn angehenden Geheimnisses an sich wäre, die ja unerschöpflich ist, (...) sondern weil er in seinem eigentlichen Wesen, in seinem ursprünglichen Grund, (...) zu sich kommende Verwiesenheit auf diese Fülle ist (...) Wenn wir alles gesagt haben, was als Übersehbares, Definierbares von uns aussagbar ist, dann haben wir noch gar nichts von uns ausgesagt, außer wir hätten in all dem Gesagten mitgesagt, daß wir die auf den unbegreiflichen Gott Verwiesenen sind. Diese Verwiesenheit aber, also unsere Natur, ist nur verstanden, begriffen, wenn wir uns von dem Unbegreiflichen frei ergreifen lassen" (Rahner, *Schriften* IV, S. 140, zitiert in: Freiheit der Gnade II, S. 280). De Lubac bevorzugt zur Kennzeichnung dieser Eigentümlichkeit des Menschen den Begriff *Paradox*.

Das Paradox des Menschen

Sein energischer Widerspruch richtet sich gegen das Vorhaben, das Paradox des Menschen, wie es in der Tradition der Kirche so lange ausgehalten wurde, auf einen der beiden Pole zurückzunehmen und dadurch die ausgewogene Lehre der Kirche zu verstümmeln. „Die ganze (im weitesten Sinne verstanden) Tradition von Irenäus über Augustin zu Thomas und Bonaventura, hält über alle Schuldifferenzen hinweg zwei Behauptungen aufrecht, die sich nicht widersprechen, sondern die zusammengehören: 1. Der Mensch kann nur durch die Schau Gottes leben – und 2. Diese Schau Gottes ist schlechthin von seinem [Gottes] Wohlgefallen abhängig" (Freiheit der Gnade II, S. 241). Auch in der wohlmeinenden Absicht, die zweite der genannten Aussagen tiefer zu begründen, darf die erste nicht aufgegeben werden. Nur zu oft allerdings belaste die Theologen eine „ungeduldige Sorge, aus der menschlichen Existenz das volle Paradox auszuschalten und zu einem für den Verstand völlig klaren positiven Ergebnis zu kommen" (Freiheit der Gnade II, S. 242). Es müssen jedoch diese beiden Aussagen nebeneinander stehen gelassen werden. Es gilt, das Paradox des Menschen zu denken: Gott hat den Menschen in seiner Geistnatur so geschaffen, daß der Mensch über alles Vorfindliche hinausgreift, sich selbst überschreitet auf Gott hin (*Selbsttranszendenz*). Gott hat den Menschen für sich geschaffen, er zieht ihn unaufhörlich an sich, er hat ihm eine unstillbare Sehnsucht nach ihm ins Herz gepflanzt. Und dennoch schuldet Gott dem Menschen deswegen die Gnade seiner Selbstmitteilung als Leben nicht, sondern sie ist frei gewährt. Und als solche allein kann sie dem Menschen wahrhaft beseligend sein. Wäre sie dem Menschen geschuldet, hörte sie auf, freie Zuwendung Gottes in Liebe zu sein. Im kurzen Schlußkapitel von *Surnaturel* hatte de Lubac auf diesen Einwand bereits entgegnet: „Der Geist begehrt nicht nach Gott wie das Tier nach der Beute. Er wünscht sich ihn wie ein Geschenk. Er trachtet nicht nach dem Besitz des Unendlichen: er möchte eine frei gewährte Gemeinschaft mit einem personalen Wesen. Gesetzt deshalb, was unmöglich ist, er könnte sein höchstes Gut schlichtweg ergreifen, so wäre es nicht mehr sein Gut. Will man da immer noch von ‚Forderung' reden? Dann müßte man sagen, die einzige Forderung des Geistes sei hier: nichts zu fordern (...). Er fordert, daß Gott in seinem Angebot frei sei, wie er selber (in einem ganz andern Sinn) frei zu sein fordert im Empfangen dieses Angebotes. Von einem Glück, das er sich raubte, will er ebenso wenig wissen wie von einem, das er zwangsmäßig entgegennehmen müßte. So erscheint das vollkommene Umsonst der göttlichen Gabe als etwas vom Geschöpf Erbetenes, sowohl um seiner selbst wie um der Größe Gottes willen" (*Surnaturel*, S. 483f.).

Henri de Lubac konnte mit Genugtuung feststellen, daß nicht nur seine theologiegeschichtlichen Analysen sich als richtig erwiesen, sondern auch das Zweite Vatikanum in seiner vornehmlich mit diesen anthropologischen Fragen beschäftigten *Pastoralkonstitution „Gaudium et spes"* die Lehre vom *einen* Endziel des Menschen, Gott, ausdrücklich in seine Lehrverkündigung aufnahm: „Es gibt in Wahrheit nur eine letzte Berufung des Menschen: die göttliche" (*Gaudium et Spes* 22).

Anonymes Christentum?

Wenn nun aber der Mensch schon vor aller Begnadung durch Christus auf Gott hin angelegt ist, wozu bedarf er dann eigentlich noch des Evangeliums und der Kirche? Diese Frage stellt de Lubac in dem Kapitel „Die alleinseligmachende Kirche" in *Catholicisme*. De Lubac legt hier (1938!) alle Begriffe bereit, die später von Karl Rahner in seiner Theorie vom *anonymen Christentum* wieder aufgenommen werden sollten. De Lubac erkennt – kaum daß er den Gedanken formuliert hat, die Problematik jenes Konzeptes, kann jedoch zum Kern dieses Gedankens Übereinstimmung mit der Tradition vorweisen. Die weitestgehende Interpretation von einem anonymen Christentum, das überall in der Welt verbreitet sei und durch die Evangeliumsverkündigung nur noch in den Zustand der Ausdrücklichkeit (explizites Christentum) zu überführen sei, lehnt de Lubac ab. Für ihn sind in diesem Zusammenhang zwei Fragen strikt auseinanderzuhalten: die (vor allem individuelle und der subjektiven Ordnung angehörende) Frage nach der Heilsmöglichkeit der Nichtchristen und die Frage nach dem Verhältnis von Christentum und den nichtchristlichen Religionen sowie deren Bedeutung und Tragweite. Die Heilsmöglichkeit der Menschen, die ohne Schuld nichts von Christus wissen und nach ihrem Gewissen leben, hat die Kirche im Vertrauen auf den universalen Heilswillen Gottes immer anerkannt, und insofern könne man von „anonymen Christen" sprechen. Dazu bedarf es aber nicht einer neuen Theorie. Ein Verständnis von „anonymem Christentum", das alle Religionen für gleichwertig und als gleichrangige Heilswege ansieht, unterliegt nach de Lubac dem Fehler, die „umstürzende Neuheit des Christlichen" zu verkennen. Das Evangelium bewirkt eine „Umkehr" und muß den Menschen bis in sein Herz hinein umformen und letztlich Christus gleichgestalten. Der ganze existentielle Charakter des Glaubens fiele dahin (vgl. Geheimnis, S. 151f.).

Vgl. HANS URS VON BALTHASAR, *Cordula oder der Ernstfall* (1966). Im „Nachwort zur 3. Auflage" (1967) schreibt er, de Lubacs „einleuchtende Unterscheidung" zwischen „anonymen Christen" und „anonymem Christentum" scheine ihm „den Erfordernissen der Stunde vollauf gerecht zu werden" (S. 129).

Auf den Wegen Gottes

„Meinen glaubenden Freunden, auch jenen, die glauben, nicht zu glauben." So lautet die Widmung, die de Lubac den ersten beiden Auflagen seines Buches *De la connaissance de Dieu* (Von der Gotterkenntnis) voranstellt. Das Buch wurde mehrfach umgearbeitet und erweitert, und liegt jetzt unter dem Titel *Auf den Wegen Gottes* vor. Zusammen mit *Die Tragödie des atheistischen Humanismus* und der späteren Nietzschestudie enthält es die wichtigsten Reflexionen de Lubacs über die Gottesfrage. De Lubac wollte kein Lehrbuch zu diesem Thema schreiben. Sein Anliegen ist, wie es schon die Widmung sagt, Menschen zum Glauben zu führen und auf dem Weg des Glaubens zu begleiten.

Kann man Gottes Existenz beweisen?

Die katholische Theologie hat immer daran festgehalten, daß die Kenntnis von Gott dem Menschen nicht erst aus der geschichtlichen Wortoffenbarung zukommt. Paulus schreibt im Römerbrief, daß des Schöpfergottes unsichtbare Wirklichkeit, ewige Macht und Gottheit seit der Erschaffung der Welt an den Werken der Schöpfung mit Hilfe der Vernunft erkannt werden kann (Röm 1,19f.). Seine klassische Form erhielt der Gottesbeweis durch die *quinque viae* – „fünf Wege" des Thomas von Aquin (*Summa theologiae* I, 2, 3), fünf Denkwege zur Erkenntnis, daß Gott existiert. Der erste und einfachste Weg schließt aus der Bewegung auf einen letzten unbewegten Beweger, der nicht noch einmal Glied dieser Kette von Bewegungen, sondern deren Grund ist. Und dies sei, so sagt Thomas – wie am Schluß jedes der fünf Wege –, was Gott genannt wird. Das Erste Vatikanum hatte unter Bezugnahme auf Paulus erklärt, Gott könne „mit dem natürlichen Licht der Vernunft aus den geschaffenen Dingen mit Gewißheit erkannt" werden (DH 3004).

Man hat de Lubac – vielleicht wegen der aphoristischen Art der Darstellung in *Auf den Wegen Gottes* (S. 51–75) – Nähe zum Agnostizismus vorgeworfen (vgl. Rückblick, S. 308). Doch de Lubac geht es keinesfalls darum, auf den Gottesbeweis zu verzichten oder gar einem Irrationalismus Vorschub zu leisten, ganz im Gegenteil. Mit der gesamten Tradition der katholischen Theologie will er die Gottfähigkeit des menschlichen Geistes hochhalten. Gott ist nicht einfach nur Ansichtssache: Die einen finden es gut, daß es Gott gibt, andere eben nicht. Zwischen den Positionen der Anerkennung Gottes und seiner Leugnung besteht nicht eine Pattsituation, angesichts derer letztlich nur die beliebige Wahl für eine der beiden Möglichkeiten bliebe. Der Glaube an Gott kann sich auf einleuchtende Vernunftgründe stützen. Die Gottesbeweise gelten de Lubac als nachträgliche Systematisierungen einer ursprünglichen, spontanen Anerkennung der Gegenwart Gottes.

> **Agnostizismus**: Philosophische Grundhaltung, die Gott für mit der menschlichen Vernunft nicht erkennbar hält.

Die klassischen Gottesbeweise (des Thomas von Aquin) stützen sich auf das Prinzip der Kausalität. Eben dieses war von Kant auf die naturwissenschaftlich erfaßbare Wirklichkeit eingegrenzt worden, so daß es sich nicht für eine transzendente Anwendung eigne. De Lubac kritisiert diese Einschränkung der Vernunft auf das empirisch Wahrnehmbare. Eine Grenze zu erkennen, bedeutet, schon über diese Grenze hinaus zu sein. Kausalität sei ein Prinzip des Seins und des Denkens überhaupt. Jede Kritik am Kausalitätsprinzip und damit an den Gottesbeweisen muß es selbst voraussetzen und entzieht sich deshalb seine eigene Grundlage. Das Schema des Gottesbeweises ist fester als der härteste Stahl. „Er ist mehr als eine Erfindung der Vernunft: Er ist die Vernunft selbst" (Auf den Wegen Gottes, S. 55).

> Das Prinzip der **Kausalität**: *Kontingenz* setzt *Absolutheit* voraus, d.h. es gilt grundsätzlich: weil es Abhängigkeit gibt, muß es eine Wirklichkeit geben, die von nichts abhängt.

Umgekehrt sieht es de Lubac entgegen einer Kritik der Gottesbeweise von vorwiegend protestantischer Seite, die darin die Gefahr des Sich-Gott-Bemächtigens („intellektuelle Werkgerechtigkeit") wittert, gerade als positiv an, daß dieser Beweis zugleich auch die freie Anerkennung des Bewiesenen fordert. Gegenüber der Gefahr zu meinen, mit einem solchen Beweis habe man Gott begriffen, hält de Lubac daran fest, daß die philosophische Gotteslehre letztlich nur zu einer *negativen Theologie* führen kann.

Negative Theologie

Damit ist gemeint, daß man von Gott immer nur sagen könne, wie er *nicht* ist, nie aber, wer er sei und wie sein Wesen beschaffen sei. Zunächst, so hat Martin Lenk herausgearbeitet, wandte sich de Lubac gegen ein Zuwenig an *negativer Theologie*, später gegen ein Zuviel (Lenk, S. 192).

Gegenüber einer rationalistischen philosophischen Gotteslehre, die sogar Gottes Wesen zu erkennen meinte, hatte de Lubac zunächst die Einzigartigkeit der Gottesbeweise betont: „Damit der *Beweis* Gottes, der von der Welt ausgeht, gültig sei, damit er wirklich Beweis *Gottes* sei, ist es nicht unerläßlich, daß man streng genommen etwas vom Wesen Gottes erkennen muß. Im Gegenteil, es ist unerläßlich, daß man nichts davon erkennen kann. Denn nur so erkennt man ihn als unterschieden von allem übrigen" (Auf den Wegen Gottes, S. 108). In diesem Nein zu allen Bildern von Gott, das Gottes Transzendenz und radikale Verschiedenheit von allem Geschöpflichen betont, kommen biblische Kritik am heidnischen Götzendienst und Kritik der griechischen Philosophen an den *anthropomorphen*, d. h. vermenschlichenden Gottesvorstellungen überein.

Und dennoch. Schon die klassische philosophische Gotteslehre, die den Dreischritt Bejahung *(via affirmationis)*, Verneinung *(via negationis)* und Überschreitung *(via eminentiae)* ging, sei, so de Lubac, von Anfang an beseelt von der positiven, in der Dynamik des Geistes liegenden, auf das Absolute ausgreifenden via eminentiae, die nicht einfach nur zeitlich am Ende steht. Das Nein der *negativen Theologie* ist getragen von einer tieferen Bejahung.

> Der **Dreischritt** bezeichnet den Denkweg: Man kann von Gott etwas aussagen (Bejahung). Aber es ist mit nichts vergleichbar (Verneinung). Letztlich und als Triebfeder des ganzen wird das Denken über sich selbst hinausgehoben und verwiesen auf das Geheimnis Gottes (Überschreitung).

Somit geht es de Lubac später vor allem um die Überwindung eines Mangels, den er in der thomistischen Tradition der Führung der Gottesbeweise erkennt. Die an sich notwendige Betonung der Grenzen der Gotteserkenntnis habe die Tendenz zu einer negativen Theologie gefördert, die letztlich in den *Agnostizismus* führt, der Gott überhaupt nicht mehr erkennen zu können meint. Doch wird Gott in jedem Akt der Seinserkenntnis als letzter Grund des Seins miterkannt, in jedem positiven Willensakt als höchstes und letztes Gut mitbejaht. De Lubac spricht von einem proleptischen, d. h. ausgreifenden und dynamischen Element im geistigen Selbstvollzug des Menschen. Und wenn er in Klammern beifügt, daß sich dafür die Rede von der „unthematischen" Gotteserkenntnis eingebürgert habe (Rückblick, S. 308), dann betont er hier die Übereinstimmung mit Karl Rahner. Dieser formuliert in anderen Worten: „Indem der Mensch die gegenständliche Wirklichkeit seines Alltags ergreift (im Zugriff und umgreifenden Begriff), vollzieht er als Bedingung der Möglichkeit solch zugreifenden Begreifens den unthematischen, ungegenständlichen Vorgriff auf die unbegreifliche, eine Fülle der Wirklichkeit, die in ihrer Einheit zugleich Bedingung der Erkenntnis und des (einzelnen) Erkannten ist und als solche (unthematisch) immer bejaht wird, selbst noch in dem Akt, der dies thematisch bestreitet." Nicht also um Ausblenden der traditionellen Gottesbeweise geht es de Lubac, sondern um deren Vertiefung und deren Absicherung gegenüber den Folgen einer übertriebenen negativen Theologie. „Der Geist hat sich nicht ganz allein in Bewegung gesetzt, und seine Bewegung setzt eine Richtung voraus, das heißt einen Fixpunkt. Das rein Grund- und Zwecklose ist eine andere Bezeichnung für das Sinnlose. Auf Gott kann man nicht verzichten" (Auf den Wegen Gottes, S. 56). „Dies geltend zu machen", so de Lubac selbst im Rückblick auf sein Werk, „erscheint mir heute wichtiger denn je, da die ungebührliche Inflation einer ‚negativen Theologie' nicht nur dem Agnostizismus, sondern dem Atheismus die Wege zu bahnen droht" (Rückblick, S. 308).

> KARL RAHNER/HERBERT VORGRIMLER, *Kleines theologisches Wörterbuch,* 11. Aufl. 1978, Stichwort: „Gottesbeweis".

Dennoch hat die *negative Theologie* einen bleibenden Wert. Sie bewahrt davor, den lebendigen Gott mit selbstgemachten Götzen zu verwechseln. Hier liegt einer der Anknüpfungspunkte für de Lubacs Beschäftigung mit dem Atheismus. Der Atheist sei oft, unwissentlich und wider Willen, „der beste Helfer der Gläubigen" (Auf den Wegen Gottes, S. 156). Nicht weil der Atheist vielleicht der bessere Christ sei (wie Ernst Bloch behauptete), sondern weil die atheistische Kritik den Glauben zwingt, seine Gottesvorstellung zu überprüfen und zu reinigen, ist sie mit dem Salz zu vergleichen, „das verhindert, daß meine Gottesidee verkümmert und verdirbt" (S. 156). Umgekehrt zeigt de Lubac, daß überall dort, wo der Mensch Gott die Anerkennung verweigert, anderes absolut gesetzt wird. Der Mensch kommt an Gott nicht vorbei.

Zwei Vertretern des modernen atheistischen Humanismus gilt de Lubacs besonderes Interesse: Pierre Joseph Proudhon (1809–1865) und Friedrich Nietzsche (1844–1900).

Proudhon und das Christentum

HENRI DE LUBAC:
Proudhon et le christianisme,
1945.

Pierre Joseph Proudhon wird zu den sog. „Frühsozialisten" gerechnet. Über ihn hielt de Lubac 1941/42 eine Vorlesungsreihe, die er unmittelbar nach dem Krieg als Buch veröffentlichte. Aus diesem Werk spricht eine tiefe Sympathie für einen Mann, mit dem das erwachende Selbstbewußtsein der Arbeiterschaft und deren Forderung nach sozialer Gerechtigkeit verbunden ist. Auch wenn de Lubac Proudhons spätere Ausfälle und beißende Kirchenkritik zurückweist, kann er ihm seinen Respekt nicht versagen, zumal die Haltung weiter kirchlicher Kreise angesichts der aufbrechenden sozialen Frage im 19. Jahrhundert beschämend ist.

Als Zeitgenosse von Karl Marx ringt Proudhon mit denselben Problemen, kommt jedoch zu einer anderen ökonomischen Theorie über das Eigentum. Nicht das Privateigentum als solches ist Quelle aller Übel, sondern das Mißverhältnis zwischen Eigentum und dem daraus gewonnenen, nicht erarbeiteten Einkommen. Proudhon steht damit im Gegensatz zu Marx, der ihn nicht nur wegen seiner konservativen Eheauffassung, sondern auch wegen seines Bekenntnisses zur Unausweichlichkeit der Gottesidee verspottete.

Proudhons ökonomische Theorien sowie sein Verhältnis zum Christentum sind mit seinem Lebensschicksal aufs engste verbunden. Bereits mit 12 Jahren muß er neben der Schule, die ein Stipendium ihm ermöglicht, arbeiten gehen, um die Familie mitzuernähren. Er ist 17, da geht das Faßbindergeschäft seines Vaters bankrott. Bevor der wissensdurstige Proudhon seine Schulausbildung beenden kann, muß er, 19jährig, endgültig seine ganze Arbeitskraft in den Broterwerb investieren: in einer Buchdruckerei, in der auch eine berühmte lateinische Bibelausgabe hergestellt wird. Ein Exemplar dieser Bibel hat Proudhon fortan immer bei sich. Autodidaktisch bringt er sich nebenher Bibelhebräisch bei. Die Buchstaben der Schrift haben sich ihm tief ins Herz eingeprägt. Mit 23 Jahren bricht er mit der Kirche und entschließt sich, gegen die Religion zu schreiben, zumindest gegen das, was die Theologen daraus gemacht haben, wie de Lubac verdeutlicht.

Proudhon anerkennt die Universalität der Gottesidee. Weniger die Gottesbeweise beeindrucken ihn als vielmehr die Tatsache, daß alle Menschen eine Idee von Gott haben: Solle nicht alle Erkenntnis dem Chaos und dem Nihilismus verfallen, müsse ein Absolutes gefordert werden. Daraus folgt nun aber keineswegs eine positive Anerkennung Gottes. Denn auf der *praktischen Ebene* müsse Gott bekämpft werden. Der Atheismus Proudhons ist ein *Antitheismus:* Gerade weil die Gottesidee unentrinnbar ist, muß Gott um so heftiger bekämpft werden. „Gott ist das Übel! – Was schulden wir ihm? Krieg!" lautet eine Parole Proudhons. Was steht hinter solchen erbitterten Worten? De Lubac versucht sie verständlich zu machen, ohne sie zu rechtfertigen: Was Proudhon bekämpft, ist nicht der Gott der biblischen Offenbarung, sondern der „Mythos der Vorsehung", zu dem ihn zeitgenössische Theologen haben verkommen lassen. Proudhon kämpft mit einer

Gottesvorstellung, die Armut und Elend geradezu freudig als Werk der göttlichen Vorsehung rühmte, insofern dadurch den Reichen Gelegenheit zur Mildtätigkeit, den Armen zur Übung von Geduld im Leiden gegeben wird. Einem solchen Gott, der die Not der Menschen rechtfertigt, gilt seine Kriegserklärung. Proudhon, „der selbst nicht genügend Glauben hat, um im Namen Gottes, den er in seinem Herzen trägt, zu protestieren, nimmt, wenigstens zeitweise, die Karikatur an, die ihm dargeboten wird. So kommt es konkret zu seinem ‚Antitheismus'" (*Proudhon et le Christianisme*, S. 207).

Der Leitgedanke seines Wirkens ist der biblische Begriff der „Gerechtigkeit", den er gegen eine solchermaßen falsch verstandene „Nächstenliebe" in Stellung bringt. Ihn sieht er von den Theologen seiner Zeit verraten. Proudhon erklärt mehrfach, er werde jeden Kampf gegen die Kirche einstellen, wenn man ihm diese Gerechtigkeit zugestehe. Unter dem Eindruck der Zeitsituation konzentriert sich ihm das religiöse Problem auf die Erlangung der Gerechtigkeit. Jesus, von dessen Person er fasziniert ist, gilt ihm vornehmlich als Moralist und Sozialreformer, der die Gerechtigkeit wiederherstellt. Die Einsicht, daß Gerechtigkeit und Nächstenliebe sich nicht widersprechen, sondern daß die Liebe die Gerechtigkeit erfüllt wie der Neue Bund den Alten, war Proudhon verstellt. Allerdings setzt Proudhon nicht den Menschen an die Stelle Gottes, wie so mancher atheistische Humanismus neben und nach ihm. Proudhon weiß, daß das Heil nicht im Menschen liegt. Wenn er auch unter dem Druck der Umstände den innerweltlichen Wert der sozialen Gerechtigkeit zu quasigöttlichem Rang erhebt, lassen ihn doch die letzten Fragen nicht los. „‚Ich denke an Gott, schon so lang ich lebe!' In diesem Ruf Proudhons, von dem Marx spottete, er versäume sich bei dem alten metaphysischen Trödelkram, liegt das Bekenntnis der ganzen Menschheit, die noch mitten in ihren Negationen nach der Luft schreit, ohne die sie nicht atmen kann" (Glauben aus der Liebe, S. 321).

Der *Antitheismus* Proudhons, der für die Christen weniger eine Leugnung des Gottesgedankens als vielmehr seine Reinigung darstellt, sollte den Christen zur Mahnung und zur Selbstbesinnung dienen. Einen noch radikaleren Antitheismus repräsentiert die Philosophie Friedrich Nietzsches, mit der sich de Lubac schon in *Die Tragödie des atheistischen Humanismus* auseinandersetzt und dem er wenige Jahre später auch noch den Aufsatz *Nietzsche als Mystiker* widmet.

Nietzsche und das Christentum

Wohl noch entschiedener als Proudhon ist auch Nietzsche *Anti-Theist*. Im Namen des Lebens wird Gott bekämpft, den Nietzsche nur als „Feind des Lebens" betrachten kann. Gott muß getötet werden. „Nur die Tat kann den Menschen befreien. Er muß das Letzte wagen. Der Glaube an Gott, wie vor allem das Christentum ihn uns eingeimpft hat, hat die Wirkung gehabt, den Menschen zu zähmen. Man muß dem Menschen diesen Glauben entreißen und ihn züchten, aufzüchten zu einem höheren Menschen" (Tragödie, S. 34).
Nietzsche ist nicht der erste, der vom Tod Gottes spricht. Zunächst gehört das Wort in die christliche Theologie des Karfreitags. „O große Not, Gott selbst ist tot", heißt es in einem evangelischen Kirchenlied, das auch Nietzsche kannte, und auf das sich Hegel beruft bei der Rede vom „spekulativen Karfreitag": Gott muß den Tod als äußerste Entgegensetzung umfassen, um sich selbst zu verwirklichen.
Arthur Schopenhauer und Heinrich Heine diagnostizieren mit dem Wort vom sterbenden oder toten Gott die geistige Situation ihrer Zeit, die mit der Abdankung der Metaphysik auch Gott verabschiedet hat.
Bei Nietzsche jedoch bekommt das Wort vom Tod Gottes noch einen anderen, radikaleren Klang: nicht Klage, auch nicht bloße Feststellung. „Es bedeutet eine Entscheidung. ‚Jetzt entscheidet unser Geschmack gegen das Christentum', sagt Nietzsche, ‚nicht mehr unsere Gründe'. Er ist ein Akt. Eine Tat, so eindeutig, so brutal, wie die eines Mörders. ‚Der Tod Gottes ist für ihn nicht nur eine furchtbare Tatsache, er ist

von ihm gewollt.' ‚Wohin ist Gott?' sagt Nietzsche tatsächlich; (...) Wir haben ihn getötet (...) Wir alle sind seine Mörder!'" (Tragödie, S. 35 f.).
Worin liegt nach de Lubac die innerste Absicht Nietzsches bei diesem Gottesmord? Es genügt seines Erachtens noch nicht der Hinweis auf das Wort, das Nietzsche seinem Zarathustra in den Mund legt: „Wenn es Götter gäbe, wie hielte ich es aus, kein Gott zu sein?" Es ist nicht allein die vermeintliche Konkurrenz zwischen Gott und Mensch, dessen Freiheit durch eine übergeordnete Freiheit Gottes von Nietzsche nur als eingeschränkte gedacht werden kann. An Gott zu glauben, so ist Nietzsche überzeugt, ist für den Menschen bequem. Er legt die Hände in den Schoß und duckt sich, statt sich zu seiner wahren Größe zu erheben. Gott ist in gewisser Weise immer Lückenbüßer für den Menschen, und er hindert ihn, es zu wagen, ungesichert und mutig bis an die Grenzen seiner Möglichkeiten zu gehen. Im Glauben an Gott verbirgt sich nach Nietzsche ein geheimer Egoismus, der Gott braucht zur Erfüllung seiner Genußsucht. Damit aber der Mensch zu seinen höchsten Möglichkeiten gelangen kann, muß er sich von Gott befreien, muß er diesen gefahrvollen, mühseligen Schritt wagen. „Gott ist tot, es lebe der Übermensch!" Gewissensbisse und Verzweiflung, voraussehbare Folgen dieser Tat, der sich der Mensch erst nach und nach gewachsen zeigen wird, müssen überwunden werden kraft derselben Anstrengung. „Da es keinen Gott mehr gibt, ist die Einsamkeit nicht mehr zu ertragen: der hohe Mensch *muß* ans Werk". „Erfinden und erschaffen", so erläutert de Lubac, „ist fortan die Aufgabe des wahren Philosophen". Es gilt, den Willen zur Macht zu bejahen, der von Gott befreite Mensch muß das Leben ganz und gar selbst in die Hand nehmen. „Allein bin ich, und will es sein", sagt Zarathustra, „allein mit dem reinen Himmel und dem freien Meer."

FRIEDRICH NIETZSCHE, *Der Wille zur Macht*, zitiert nach: Tragödie, S. 39.

FRIEDRICH NIETZSCHE, *Also sprach Zarathustra* zitiert nach: Tragödie, S. 40.

De Lubac räumt ein, daß die Gedanken Nietzsches etwas Verführerisches an sich haben. Die Visionen, aus der Nietzsches Philosophie und die der anderen humanistischen Atheismen

geboren wurden, sind nicht ohne Größe, in mancherlei Hinsicht haben sie den Finger auf echte Wunden gelegt. Aber hat die Welt, die einen Nietzsche zum Brechen reizte, wirklich das Recht gehabt, sich christlich zu nennen (Tragödie, S. 48), und ist nicht doch auch der Gott, dessen Ermordung betrieben wird, ein bloßes Zerrbild des Gottes, den die Christen anbeten? Andererseits hat die erste Hälfte des 20. Jahrhunderts gezeigt, wozu eine Zivilisation fähig ist, die sich von Gott losgesagt hat. Angesichts des Dunkels von Menschenverachtung, Haß und Krieg, das eine solcherart „entfesselte" Menschheit angerichtet hat (das Buch erscheint 1944!), kann de Lubac entgegnen: „Der atheistische Humanismus konnte nur mit einem Bankrott enden. Der Mensch ist nur Mensch, weil sein Antlitz von einem Strahl göttlichen Lichtes erleuchtet ist" (Tragödie, S. 45). Es ist eben doch nicht so, daß Gott den Menschen klein macht und klein sein läßt. Im Gegenteil erhebt allein Gott den Menschen zu seiner wahren Größe, er engt seine Freiheit nicht ein, sondern fordert sie bis aufs äußerste heraus, er lähmt oder beruhigt ihn nicht, sondern ruft ihn zur Weltgestaltung und zum Einsatz all seiner Gaben und Talente. Nirgendwo ist der Mensch größer, als wo er vor Gott in die Knie geht. „Gott gibt sich dem Menschen nicht nur als Norm, die ihn leitet und dadurch innerlich aufrichtet: Er ist das Absolute, in dem er gründet, der Magnet, der ihn anzieht, das Jenseits, das ihm winkt, das Ewige, das ihm allein die Lebensluft gibt, in der er atmen kann, er ist gleichsam jene dritte Dimension, in der der Mensch seine Tiefe findet. Wenn dieser sich zu seinem eigenen Gott macht, so mag er wohl einige Zeit in der Selbsttäuschung leben, er erhebe und befreie sich. Doch der Rausch ist bald verflogen! In Wirklichkeit erniedrigt er Gott und sehr bald wird er fühlen, daß er in ihm sich auch selbst erniedrigt hat" (Tragödie, S. 45).
In seinem späteren Aufsatz kommt de Lubac dann nochmals auf Nietzsche zurück:

Nietzsche als Mystiker

De Lubac will erklären, wie der Gedanke vom Übermenschen bei Nietzsche zusammengeht mit der Idee von der „ewigen Wiederkehr des Gleichen", was sich offenkundig zu widersprechen scheint. Diese Idee der ewigen Wiederkehr, d.h. des sich immer wieder in gleicher Weise wiederholenden Geschichtsablaufes, hatte Nietzsche bei den griechischen Philosophen kennengelernt, und sie rückt bei ihm mehr und mehr in den Mittelpunkt seines Denkens. De Lubac bezieht sich besonders auf zwei Erfahrungen Nietzsches, die diesen wie eine „Offenbarung" überfallen haben: Nach einem ersten Erlebnis beim Felsen von Surlej bei Sils-Maria im Engadin ist er wie entrückt in eine andere Welt. „Anfang August 1881 in Sils-Maria: 6000 Fuß über dem Meere und viel höher über allen menschlichen Dingen! Die Sonne der Erkenntnis steht wieder einmal im Mittag: und geringer liegt die Schlange der Ewigkeit in ihrem Lichte (...)." Im Februar 1883 hat Nietzsche dann in Rapallo, wo er den Winter verbrachte, eine „Vision". Seither hat endgültig die Idee von der „ewigen Wiederkehr des Gleichen" von ihm Besitz ergriffen.

Ist sie nicht eine deprimierende Vorstellung? Ist diese ewige Wiederkehr nicht die reine Sinnlosigkeit? Nietzsche scheint im Gegenteil den Gedanken an die ewige Wiederkehr anfangs als beglückend empfunden zu haben. De Lubac schlägt folgende Lösung vor: Angesichts der ewigen Kreisbewegung kann Nietzsche entweder „von einem ungeheuren und verzweiflungsvollen Umschwung fortgerissen werden, oder aber an der beherrschenden Kraft teilnehmen, die den ganzen Kosmos bewegt. (...) Er kann dem ehernen Gesetz des universalen Determinismus unterliegen, er kann aber auch ganz anders, nämlich in Freiheit, dieses Gesetz selber sein. Im ersten Fall wird er erdrückt, im zweiten Fall triumphiert er. Keine Leere ist grauenvoller, aber auch keine Fülle überströmender" (Tragödie, S. 292). Diese Zweideutigkeit scheint sich, so die Deutung de Lubacs, für Nietzsche in Rapallo endgültig geklärt zu haben. Nietzsche erhält die Gewißheit, auf der Seite des Seins zu stehen und nicht vom ewigen Werden hinweggerissen zu werden. „Er nimmt aktiv, frei am *Fatum* teil. Er gehört sogar dazu" (Tragödie, S. 293). Dies ist Nietzsches Erfahrung, und de Lubac nennt sie eine mystische Erfahrung. Er ist eins mit dem Schicksal, in ihm fällt, wie in Gott, Freiheit und Schicksal zusammen: „Nietzsche fühlt in sich die Grundkraft, die alles hervorbringt und sich in jedem Augenblick des universalen Werdens intakt, unverändert, frei und souverän wiederfindet. Für ihn ist das Dasein ein Kreis, dessen Mittelpunkt ‚überall ist'" (S. 292). Nietzsche weiß sich auf der Seite des Seins. Und so fallen auch die Idee vom Übermenschen und die Idee von der ewigen Wiederkehr des Gleichen in eins, die Ausgangsfrage ist beantwortet. „Er weiß, er ist der Übermensch, dessen gesetzloser Wille die Welten erzeugt." „Wie der Andere, ja wahrhaftiger als der Andere, ist er zugleich der Offenbarer und das Offenbarte, der Held und der Gott. ‚Mittag. Augenblick des kürzesten Schattens; Ende des längsten Irrtums; Höhepunkt der Menschheit; *incipit Zarathustra*' [*Götzendämmerung*]" (Tragödie, S. 293).

Und so hat sich in Nietzsche, dessen erstes Wort das Nein war gegen Gott, doch das Absolute durchgesetzt, wenn auch in einer geradezu tragisch entstellten Form. „Die reine Negativität hatte sich als ein unmöglicher Traum erwiesen. Der Übermensch war in der Leere nicht wirklich erreichbar. (...) So drängt sich die ewige Wiederkehr als der unumgängliche Ersatz für den toten Gott auf. Nur sie kann den Stein seines Grabes versiegeln" (Tragödie, S. 299).

Diese Erfahrung Nietzsches ist jedoch ständig gefährdet. De Lubac verweist auf die bleibende „Eifersucht" Nietzsches im Blick auf Jesus. Seine Grundhaltung ist nicht so sehr eine bejahende, als vielmehr eine trotzige, ressentimentgeladene, eine Haltung des Widerstands. Bis zum letzten Tag wird Nietzsche sich von Jesus verfolgt fühlen, dem gegenüber seine Gefühle wechseln zwischen Bewunderung und Anschwärzung, zwischen Zärtlichkeit und Sarkasmus.

Und überhaupt: Nietzsche ist in den letzten Jahren bis zu seinem Zusammenbruch in Turin im Jahre 1890 alles andere als

> Friedrich Nietzsche, *Reden, Gleichnisse, Bilder* [1882–1888], zitiert nach: Tragödie, S. 304.

> Friedrich Nietzsche, *Menschliches, Allzumenschliches*, zitiert nach: Tragödie, S. 307.

ausgeglichen und zufrieden. Depression und Lebensüberdruß lasten auf ihm. „Du hältst es nicht mehr aus, dein herrisches Schicksal? Liebe es, es bleibt dir keine andere Wahl". Seinem Freund Franz Overbeck vertraut er in einem Brief an, daß ihm „ein Pistolenlauf eine Quelle relativ angenehmer Gedanken" sei (Tragödie, S. 306). Und de Lubac schließt, indem er ein Wort Nietzsches, das ursprünglich gegen das Christentum gewendet war, auf ihn selbst bezieht: „Dieser Mystiker ‚braucht niemanden, der ihn widerlegt: er genügt sich dazu selber'."

Will man die „Mystik" Nietzsches mit einer Form außerchristlicher „Spiritualität" vergleichen, so bietet sich am ehesten der Buddhismus an. Seine Auffassung des Übermenschen weist Ähnlichkeiten mit Buddha auf, dem erweckten Menschen, der durch eine „geheimnisvolle umfassende Erleuchtung nicht das Mysterium eines Seins, das nicht ist, erkennt, sondern das des ewigen Werdens. ‚Ich bin kein Mensch, ich bin kein Gott: wisse, daß ich ein Buddha bin', so könnte Zarathustra sprechen" (Tragödie, S. 295).

Begegnung von Buddhismus und Abendland

> Henri de Lubac, *La Rencontre du bouddhisme et de l'occident*, 1952.

So ist der mittlere der drei Bände betitelt, die Henri de Lubac über den Buddhismus schreibt in jener ersten Hälfte der 50er Jahre, da ihm untersagt war, theologische Bücher zu veröffentlichen. Es geht darin weniger um eine theologische Auseinandersetzung (sie wird in den anderen beiden Bänden geführt) als vielmehr um die Geschichte der „Entdeckung" des Buddhismus durch abendländische Missionare und die abendländische Philosophie und Theologie. De Lubac diskutiert in diesem Zusammenhang zwei unzureichende Modelle, wie christlicherseits der Buddhismus eingeordnet wurde.

Vereinzelt waren Mönche schon im Mittelalter auf dem Landweg in den fernen Osten gelangt und dort mit Buddhisten

AUF DEN WEGEN GOTTES

zusammengetroffen. Manchen von ihnen waren diese wie Brüder vorgekommen, so ähnlich schienen ihnen deren Lebensweise und Spiritualität. Eine intensivere Begegnung mit dem Buddhismus wurde erst möglich durch die Erschließung des Seeweges Ende des 15. Jahrhunderts.
Damit begann die erste Epoche der Begegnung zwischen Abendland und Buddhismus. Es waren vor allem die Missionare aus den verschiedenen Ordensgemeinschaften, die sich nach 1492 der Verbreitung des Evangeliums in den neu erschlossenen Räumen bis an die Grenzen der Erde verschrieben. Während die meisten den Buddhismus für eine mißratene Tochter des Christentums hielten, sahen Chinesen in mancher christlichen Predigt eine bloße Variante des Buddhismus. Insgesamt überwog eine negative Sicht des Buddhismus, deren äußerste Form de Lubac *Exklusivismus* (*exklusiv* – ausschließlich) nennt. Hier wird dem Buddhismus jedes Wahrheitsmoment abgesprochen.

> Die Jesuitenmissionare Franz Xaver (1506–1552) und Matteo Ricci (1552–1610) bildeten in dieser Epoche der Ablehnung des Buddhismus Ausnahmen durch ihre positivere Sichtweise.

Verhielt man sich in der ersten Epoche eher zu ablehnend, ist die zweite Epoche gekennzeichnet durch eine im allgemeinen zu positive Sicht. Im extremen Fall führt dies nach de Lubac zum *Synkretismus*. Im 19. Jahrhundert zählten hierzu auch die Vertreter des sogenannten *Traditionalismus*, die von einer den Menschen am Ursprung der Geschichte gegebenen Uroffenbarung ausgingen, die dann weitertradiert wurde. Eine Spur dieser Uroffenbarung vermeinten sie nun auch im Buddhismus wiederzufinden. Mit seiner Neigung, alle Phänomene für miteinander vergleichbar, ja letztlich ein und derselben Quelle entspringend zu deuten, wird der *Synkretismus* aber weder dem Christentum noch dem Buddhismus gerecht. Es gibt keinen übergeordneten Standpunkt, von dem her noch einmal die ursprüngliche Einheit der Religionen erfaßt werden könnte.
Jenseits von Exklusivismus und Synkretismus plädiert de Lubac für eine den Buddhismus in seiner ganzen Eigenart und Fülle wahrnehmende Begegnung, die von größter Hochachtung Buddhas und seiner Anhänger getragen ist. Mit

> **Romano Guardini** (1885–1968), kath. Theologe und Religionsphilosoph, vergleicht Buddha mit Jesus; in: *Der Herr*, S. 360.

Guardini spricht de Lubac von Buddha als der großen Herausforderung für das Christentum: „Dieser Mann bildet ein großes Geheimnis. Er steht in einer erschreckenden, fast übermenschlichen Freiheit; zugleich hat er dabei eine Güte, mächtig wie eine Weltkraft" (La Rencontre du bouddhisme et de l'occident, S. 284). Dennoch muß vom christlichen Standpunkt aus bei aller Anerkennung des Positiven letztlich die Unvereinbarkeit der beiden Religionen festgestellt werden (La Rencontre du bouddhisme et de l'occident, S. 261–285).

Grund hierfür ist die buddhistische Weltauffassung, die man *monistisch* nennen muß. Unter Monismus (von griech. *monos* = eins, allein) versteht man eine philosophische Grundhaltung, die jedes Gegenüber, vor allem auch das Gegenüber von Ich und Du, jede Differenz für etwas Vorläufiges und Minderwertiges ansieht. Die Erfahrung von Ich und Du, von Ich und Welt kann vor diesem Hintergrund nur gedeutet werden als zu überwindender Zustand. Das Verhältnis zum Absoluten oder Göttlichen vollendet sich dementsprechend, wenn das Vereinzelte im Absoluten aufgeht.

Die Begegnung zwischen den Religionen und der Dialog zwischen ihnen kann nach de Lubac allein auf der Ebene der menschlichen Grunderfahrungen sinnvoll geschehen. In den beiden Bänden *Aspects du bouddhisme* I und II *(Amida)* vergleicht de Lubac Christentum und Buddhismus unter verschiedenen Gesichtspunkten.

Liebe und Selbstlosigkeit

Auf den ersten Blick täuschend ähnlich mit der christlichen Lehre scheint die buddhistische Lehre von der selbstlosen Liebe zu sein. Sie ruht auf Nicht-schaden, Nicht-Widerstand und entfaltet sich in den Grundhaltungen des Wohlwollens bzw. der Güte, der Gabe bzw. leiblichen und geistigen Hilfsbereitschaft sowie dem Mitleid. In buddhistischen Schriften werden diese Tugenden gerühmt. Besonders beeindruckend

ist die darin sich ausdrückende Selbstlosigkeit und Universalität. Denn diese Tugenden sind ohne jede Erwartung eines Lohnes oder einer Vergeltung zu üben. Die von de Lubac angeführten Texte erinnern in vieler Hinsicht an biblische Weisungen und nötigen tiefen Respekt ab. Doch bei näherem Hinsehen werden Differenzen offenkundig. Da der Buddhismus ein monistisches System ist, kennt er im letzten kein wahres Gegenüber von Ich und Du. Die Liebe, die so selbstlos zu leisten ist, hat keinen wirklichen Adressaten. Eine Selbstverschenkung an ein Du ist gar nicht möglich, nur eine Selbstaufgabe und ein Einswerden mit einem übergeordneten Ganzen. So bleibt letztlich alles unwirklich, die Liebe ist nicht „Fleisch geworden". Im Fehlen einer interpersonalen Gegenseitigkeit sieht de Lubac letztlich alles Ungenügen, ja die ganze „Verkehrtheit" des Buddhismus begründet (Aspects du Bouddhisme I, S. 53). Der radikale Zug zur Entwirklichung führt schließlich zu einer letzten Ineinssetzung von *Samsara* (= Kette von Wiedergeburten, wovon erlöst werden soll) und *Nirwana* (Ende der Wiedergeburten, Aufgehen im Absoluten). Das Heil ist letzten Endes die Zerstörung eines bloßen Vorurteils, es gibt keine Geretteten (vgl. Balthasar, S. 47f.).
Der II. Band von *Aspects du Bouddhisme* trägt den Titel:

Amida

Es ist die japanische Abkürzung für *Amida Butsu* (Buddha des unmeßlichen Lichtes und des Lebens). Der Amida-Buddhismus ist neben dem Zen-Buddhismus und dem Lotus-Buddhismus einer der Hauptströme des Buddhismus in Japan.
Amida ist eine mythische – das heißt nicht historische – Lichtgestalt, die andere konkurrierende himmlische Gestalten entweder verdrängt oder in sich aufgenommen hat. Die Ähnlichkeit mit dem Christentum besteht darin, daß sich in Amida eine quasi-göttliche Gestalt gnädig zu den Menschen herabneigt, und daß ihr gegenüber eine Art Gelübde, eine Selbst-

übereignung vollzogen wird, die auf den ersten Blick einem Akt vertrauenden Glaubens vergleichbar ist. Amida Buddha wird auch angefleht, und seine Hilfe erscheint als gnädige Zuwendung. Ist hier vielleicht doch die bisher vermißte Dimension des Interpersonalen als der Voraussetzung für Liebe und glaubendes Sich-Übereignen zu finden? Aber auch diese Ähnlichkeit erweist sich bei genauerer Analyse als trügerisch. Abgesehen von der Tatsache, daß Amida, im Unterschied zu Jesus, keine historische, sondern eine mythologische Gestalt ist, bleibt auch hier das Gegenüber der Personen etwas Vorletztes. Am Ende sind doch wieder Samsara und Nirwana identisch. „Amida erliegt der Versuchung aller nichtchristlichen Mystik zur Identität" (*Amida*, S. 301). Und dennoch kann in einem auch objektiv unzureichenden Heilsweg die allgegenwärtige Gnade Christi wirksam sein. „Wir haben kein Recht, uns mit dem Gedanken zu begnügen, daß Gott sich überall außerhalb des Christentums unbezeugt gelassen habe" (*Amida*, S. 307). Immerhin zeigt sich in dieser mythologischen Amida-Gestalt und der möglichen gläubigen Zuwendung zu ihr eine prinzipielle Offenheit auf einen personalen Gott hin.

Wenn mit Guardini (*Der Herr*, S. 360) Buddha ein Vorläufer Jesu genannt und in die Reihe mit alttestamentlichen Vorausbildern Jesu gestellt werden kann, dann ähnelt er am ehesten dem Kohelet. Seine Warnung vor allem trügerischen Schein, seine Entlarvung aller Vergötzungen, ist ihrerseits eine Form der negativen Theologie. Darin aber besteht, christlich gesprochen, eine mögliche theologische Einordnung Buddhas: „Durch das Ausscheiden aller falschen Gottesideen schafft der Buddhismus eine Leere, die zur Offenheit für den wahren Gott werden kann" (Lenk, S. 242). Was in der Amidagestalt geahnt wurde, ist in Jesus Christus schließlich, alle Vorausbilder und Ahnungen überbietend, Wirklichkeit und Wahrheit geworden.

Jesus Christus: Gottes Wort und Weg zum Menschen

Sowenig de Lubac ein Werk über die Mystik vorlegte und doch gerade in der christlichen Mystik die inspirierende Mitte all seines Denkens sah, sowenig hat er auch ein eigenes Buch über Jesus Christus geschrieben, wenngleich er auch hierzu Pläne hegte (vgl. Rückblick, S. 478f.). Dennoch wurde sein ganzes Denken zu Recht christozentrisch genannt. Letztlich wären die beiden nicht geschriebenen Bücher über die Mystik und über Jesus Christus ein und dasselbe Buch geworden, denn Christus ist die Ermöglichung, der Grund und der Hauptorientierungspunkt christlicher Mystik.

Andererseits räumt de Lubac selbst ein, daß das Fehlen einer ausdrücklich christologischen Dimension etwa in seinem Buch *Auf den Wegen Gottes* eine echte Lücke sei. Sein Freund und Lehrer Joseph Huby hatte bemängelt, daß die durch Christus vermittelte Gotteserkenntnis, damit auch die Dreifaltigkeit Gottes als das spezifisch christliche Gottesverständnis, erst ganz zum Schluß erwähnt wird. „Wenn man sich allzu lange bei den Erwägungen der natürlichen Theologie [philosophische Gotteslehre] aufhält, gerät man tatsächlich in Gefahr, die Abstraktion der ihr zugrundeliegenden Methode zu vergessen und sich von einer religiösen Philosophie vereinnahmen zu lassen, die den Raum belegt, der allein der Religion selbst zukommt" (Auf den Wegen Gottes, S. 183).

Ähnlich liegt das Problem bei *Surnaturel*. Nie besteht ein Zweifel, daß Christus es ist, in dem sich das Rätsel, das der Mensch sich selber ist, aufhellt und daß erst in der Gnade Christi die Gemeinschaft des dreifaltigen Gottes als die letzte auch inhaltlich gefüllte Endbestimmung des Menschen erkannt werden kann. Die Ausführungen in *Surnaturel* bewegen sich allerdings immer einen Schritt davor (vgl. Freiheit der Gnade II, S. 10) in einem abstrakten Rahmen, was zu Mißverständnissen führen kann.

Christozentrisches Denken de Lubacs

Am Beginn der Studien de Lubacs steht, außerplanmäßig, dafür durch die persönliche Begegnung und Freundschaft mit dem Autor begleitet, das Studium des Artikels *Jésus-Christ* von Léonce de Grandmaison S.J. im *Dictionnaire d'Apologétique*, einem Nachschlagewerk, das in zum Teil äußerst umfangreichen Beiträgen das gesamte theologische Wissen vorstellt. Auch dieser Artikel über Jesus Christus umfaßt nicht etwa nur ein paar Seiten, sondern hat den Umfang eines ganzes Buches: auf 250 dichtbedruckten Kolumnen wird eine vollständige *Christologie* mit ausführlicher biblischer Grundlegung, systematischer Entfaltung sowie der Diskussion aktueller Problemstellungen geboten. Die kirchliche *Christologie* und *Soteriologie* (Erlösungslehre) ist bei de Lubac eher vorausgesetzt als ausgearbeitet. Das entspricht ganz seiner Aufgabenstellung als Fundamentaltheologe. Von seinem apologetischen Grundanliegen her bewegen sich die entsprechenden Aussagen de Lubacs über Jesus Christus eher im Vorfeld der Dogmatik, wenn er etwa unter dem Stichwort *Christliche Neuheit* immer wieder die religionsgeschichtliche Unvergleichlichkeit Jesu betont oder im Rahmen der Frage nach dem Offenbarungsverständnis auf die personale Dimension der Selbstmitteilung Gottes in Jesus pocht.
Das Christentum hat etwas unbedingt Neues in die Welt gebracht. „Sein Heilsgedanke ist nicht nur in bezug auf die Religionen seiner Entstehungszeit unrückführbar und einzigartig, sondern setzt eine völlig neue Tatsache in der Religionsgeschichte der Menschheit überhaupt" (Glauben aus der Liebe, S. 121).

Christliche Neuheit

Zwei sich gegenseitig ergänzende Entwicklungen in der neuzeitlichen Geistesgeschichte haben im 19. Jahrhundert zu einer Blüte der sog. *Religionsgeschichtlichen Schule* geführt.

JESUS CHRISTUS

Ihr Hintergrund waren einerseits die stark anwachsenden Kenntnisse der Erscheinungsformen der Religionen. Hinzu kam andererseits die Leugnung des Offenbarungscharakters der christlichen Religion in der Weltanschauung des *Deismus*. Schon Gotthold Ephraim Lessing hatte in seiner berühmten „Ringparabel" (in: *Nathan der Weise*) die drei Religionen Judentum, Christentum und Islam für gleichwertig ausgegeben. In der sogenannten *liberalprotestantischen Theologie* des 19. Jahrhunderts hat dies der Auffassung Vorschub geleistet, alle „Religionen" (sofern man einmal diesen Begriff als Oberbegriff auch über das Christentum akzeptiert) seien letztlich gleichwertige, nur kulturell verschiedene Ausprägungen einer menschlichen Grundreligiosität. Die Offenbarung als Selbstmitteilung des weltjenseitigen Gottes unter den Bedingungen von Raum und Zeit wird gemäß der *deistischen* Weltsicht von vorneherein ausgeschlossen. Demzufolge wäre dann aber auch das Christentum nicht das Ergebnis der Suche Gottes nach dem Menschen, dem er sich im Gottmenschen Jesus Christus als dem einen Mittler zu erkennen gibt, sondern, wie alle anderen Religionen auch, nur Ausdruck der Suche des Menschen nach Gott, die definitionsgemäß den Graben nicht überspringen kann, der zwischen der Welt und dem transzendenten Gott besteht. So gesehen können dann die einzelnen Ausprägungen von Religion zwar als mehr oder weniger geglückte Verobjektivierungen der Transzendenzbezogenheit des Menschen interpretiert werden. Die Kirche habe auf ihren alleinigen Wahrheitsanspruch und eine darauf sich stützende Missionsverpflichtung zu verzichten. Wenn die liberalprotestantische Theologie vom Absolutheitsanspruch des Christentums sprach, dann war darunter ein „relativer" Absolutheitsanspruch zu verstehen, derart, daß sich im Gefolge des Christentums die vergleichbar höchststehende Kultur ausgeprägt habe (*„Kultur"protestantismus*). Diese Einschätzung erlebte mit dem Ersten Weltkrieg ihr definitives Ende. Die Mitverantwortung für den Krieg und seine Folgen ließ

> **Deismus:** von lat. *Deus* = Gott. Aufgeklärt rationalistische Auffassung, wonach ein göttliches Wesen oder Prinzip zwar die Welt mit ihren Gesetzmäßigkeiten ins Dasein gerufen hat, diese Schöpfung aber sich selbst überläßt („Uhrmachergott"). Steht im Widerspruch zum christlichen Glauben an Gott als in der Geschichte handelnden.

jedes kulturelle Überlegenheitsgefühl schwinden. Geblieben ist bei vielen Theologen die Neigung, scheinbar ähnliche Phänomene in den verschiedenen Kulturen in eins zu setzen ohne Rücksicht auf die tatsächlichen Differenzen. Erfolgreich behaupten sich bis heute Thesen von der Abhängigkeit der Gottessohntitulatur Jesu von ägyptischen oder griechischen Vorstellungen, der christliche Glaube an den dreifaltigen Gott wird ohne große Bedenken in einen Topf geworfen mit ägyptischen Göttertriaden. Die Marienverehrung sei letztlich die christliche Variante des hellenistischen Artemis-Kultes von Ephesus und ähnliches mehr.

> Die Auseinandersetzung mit undifferenzierter Gleichsetzung der Phänomene verschiedener Religionen führt HENRI DE LUBAC besonders in: *La lumière du Christ* (1949), veröffentlicht in der Aufsatzsammlung *Théologie dans l'histoire* II, 1990, S. 203–222.

De Lubac muß sich in seinen historischen Studien wiederholt mit diesen Positionen auseinandersetzen. Er verweist, oft auf der Ebene der reinen Geschichtsbetrachtung, auf die religionsgeschichtliche Unvergleichlichkeit der christlichen Botschaft. So macht de Lubac beispielsweise den Unterschied zwischen dem christlichen Glauben an den dreifaltigen Gott und den Gottesvorstellungen der griechischen Philosophie deutlich. Zwar sind schon Plato und Aristoteles zu einem beachtlichen Gottesgedanken vorgedrungen. Die Kirchenväter bewundern, daß schon bei den griechischen Philosophen eine Ahnung von Gott aufscheint. Für Aristoteles ist Gott „lebendiger Geist", „Denken des Denkens". Aber welch ein Unterschied zum lebendigen und dreifaltigen Gott, dessen Wirken in der Geschichte Israel und die Kirche bezeugen: „Dieses ewige, vollkommene, lebendige Wesen [der Gott des Aristoteles] weiß in alle Ewigkeit nichts von uns unvollkommenen Wesen, keine Liebesregung läßt ihn auch nur einen Blick zu uns niedersenken, und entsprechend ‚könnte auch nur ein Tor sagen, er liebe Zeus' (Aristoteles, *Ethica*, 2, 11, 1208b). Aber seit Platos und Aristoteles' Zeiten ‚ist ein Licht an unserem Himmel aufgestrahlt' (Clemens von Alexandrien, *Protrepticus*, 11, 114, 1) und alles ist neu geworden. (...) Die *beseligende Schau* ist nicht mehr das Betrachten eines Schauspiels, sondern das innige Teilnehmen an der Schau des Sohnes vom Vater innerhalb der Dreifaltigkeit. Indem die Offenbarung uns im Sohn den Gott der Liebe, den persönlichen und dreieinigen Gott, den Schöpfer und Erlöser, den Gott, ‚der Mensch wird, um uns zu Göttern zu machen', zu erkennen gibt, verwandelt sich alles" (Freiheit der Gnade II, S. 302 f.).

Die geistige Revolution, die mit dem Christusereignis ausgelöst wurde, kann nach de Lubac selbst dem Blick eines den Glauben methodisch ausklammernden Historikers nicht verborgen bleiben, sofern er nur die Phänomene wirklich wahrzunehmen bereit ist. Die christliche Theologie und das kirchliche Leben zogen aufgrund des Christusereignisses alle theologischen Themen und Vorstellungen in einen tiefgreifenden Verwandlungsprozeß hinein.

Gewiß bedarf es dabei eines hohen Maßes an Unterscheidungsvermögen, denn die Inkarnation des göttlichen Logos vollzog sich nicht in einem geistigen Vakuum. Die Menschwerdung geschah inmitten einer reichen Kultur mit zahlreichen geistigen Strömungen, inmitten verschiedener Sprach- und Vorstellungswelten, aus denen diejenigen nicht einfach ausbrechen konnten, die sich nun unversehens als Zeugen eines unausdenkbaren und beispiellosen Ereignisses bestellt sahen. Es tut der Originalität des Christentums keinen Abbruch, wenn man in ihm eine Fülle von Traditionen wiederfindet. Denn originell ist man nach de Lubac nicht erst dann, wenn man neue Begriffe prägt. Auf die Sache selbst kommt es an, die es vorbehaltlos in seiner Eigentümlichkeit zu erfassen gilt. Das Neue an Jesus Christus ist nicht in erster Linie die neue Moral oder eine Welterklärung. Das Neue ist er selbst als die göttliche Selbstoffenbarung. In den *Glaubensparadoxen* hat de Lubac das Gemeinte so zusammengefaßt: „Das Christentum hat dies und das und noch jenes vom Judentum übernommen. Es hat dies und das und noch jenes vom Hellenismus entliehen. Oder von den Essenern. Alles an ihm ist von Geburt an mit Hypotheken belastet. Ist man so einfältig, noch bevor man etwas im einzelnen erforscht hat, zu meinen, das Übernatürliche schließe alle irdischen Verwurzelungen und menschliche Herkunft aus? Doch man kann die

Augen noch gründlicher verschließen und fragen: Woher hat das Christentum sich Jesus Christus ausgeliehen? Aber: *Omnem novitatem attulit semetipsum afferens* (Alle Neuheit hat er gebracht, indem er sich selbst brachte; Irenäus von Lyon, *Adversus Haereses*, IV, 34)" (Glaubensparadoxe, S. 97f.).

Jesus ist der Christus

De Lubac mußte nach dem Konzil beobachten, daß eine in der protestantischen Exegese aufgestellte Behauptung auch in der katholischen Theologie zunehmend Anhänger fand: Der einfache Rabbi Jesus, der sich zwar durch eine außergewöhnliche religiöse Begabung auszeichnete, aber grundsätzlich nicht den Rahmen des Menschlichen überstieg, sei im Laufe der ersten christlichen Generationen langsam zum Sohn Gottes hinaufgedeutet worden. Man spricht vom „Jesus der Geschichte" und dem „Christus des Glaubens" und einer Hellenisierung des Christentums. Schon in der Aufklärung (vgl. Lessing) war dies behauptet worden, und zur Zeit der Modernismuskrise Anfang des 20. Jahrhunderts wurde die These erstmals auch von katholischen Theologen erwogen. Doch sie scheitert schon an ihrer Selbstwidersprüchlichkeit, wie de Lubac mit folgenden von Hans Urs von Balthasar entlehnten Worten feststellt: „Es bedarf eines seltsamen Argwohns jeder Wahrscheinlichkeit gegenüber, um anzunehmen, daß diese Gestalt aus der reinen Vorstellungskraft irgendeiner Gemeinschaft oder irgendeines einzelnen Redaktors entstehen konnte. Wäre die ruhige Geradlinigkeit des Weges, der Jesus in seinen Untergang führte, eine nachträgliche Konstruktion seiner Jünger, so hätten diese über ein religiöses Genie verfügt, welches so übermenschlich wäre, daß es bei weitem das des Vorbildes überträfe" (*Krise der Kirche?*, S. 47, Balthasar, *Herrlichkeit I*, S. 397).

Gegenüber der Entwirklichung Jesu als bloßer Mythos im Rahmen eines mythologischen Religionsverständnisses (wie es heute etwa Eugen Drewermann vertritt), betont de Lubac den Ereignischarakter und die wahre Geschichtlichkeit Jesu, seiner Worte und Taten, von Kreuz und Auferstehung.

Ereignis statt Mythos

De Lubac spricht von *fait du Christ* oder auch von *l'acte du Christ*, was wohl beides am besten mit „Christusereignis" zu übersetzen ist. Dieses Ereignis umfaßt das gesamte Wirken, das Leiden, den Tod wie auch die Auferstehung, Himmelfahrt und Geistsendung. Jesus von Nazaret war mit dem Anspruch aufgetreten, der eschatologische Mittler des Heiles zu sein, oder wie Origenes treffend formulierte, die *autobasileia*, das Reich Gottes in Person, er wurde von den Führern des Volkes den Römern ausgeliefert, von diesen dem Tod überantwortet und gekreuzigt. Seine Jünger bekennen von ihm, daß Gott sich in der Auferweckung von den Toten zu ihm bekannt hat, und daß Gott damit den Anspruch Jesu bestätigt und zugleich die ins Unrecht gesetzt hat, die sich diesem Anspruch widersetzten. Der auferstandene Herr ist kraft des Heiligen Geistes in der Kirche, seinem Leib und seiner Braut, gegenwärtig bis zum Ende der Tage. Seine Reich-Gottes-Verkündigung ist nicht gescheitert, sondern in der österlichen Auferweckung bestätigt worden und in der Kraft des Geistes in der Kirche, dem Leib Christi, gegenwärtig bis zur Vollendung der Geschichte.

ORIGENES, Kommentar zum Matthäus-Evangelium, 14,7.

Im Christusereignis gipfelt die Heilsgeschichte Israels. In seiner unvergleichlichen Einzigartigkeit und Neuheit beherrscht es die gesamte Geschichte, hat es zahlreiche Rückwirkungen und ist es Träger allen Lichtes und aller geistlichen Fruchtbarkeit. Mit Rousselot faßt de Lubac zusammen: „Das Christentum gründet auf einem Ereignis, dem Ereignis Jesus, dem irdischen Leben Jesu, und die sind Christen, die heute glauben, daß er lebt" (*La Révélation divine* [siehe Randnote S. 65], S. 45).
Dieses Ereignis ist in der Religionsgeschichte ohne Analogie. Auch wer nicht an Christus und seinen Offenbarungsanspruch glaubt bzw. wer ihn aufgrund seiner wissenschaftlich-

historischen Perspektive methodisch ausklammert, kann doch immerhin die historischen Folgen registrieren, die von diesem Ereignis ausgehen. Vom christlichen Menschenbild war von Anfang an ein bezwingender Charme ausgegangen, der den Erfolg der Missionsbemühungen zu einem guten Teil verständlich macht: „Es befreite den Menschen in seinen eigenen Augen von dem ontologischen Sklavenjoch, das in Gestalt des Schicksals auf ihm lastete. (...) Der Mensch, jeder Mensch, wer er auch sei, war dem Schöpfer, dem Herrn der Gestirne selbst unmittelbar verbunden. (...) Nicht mehr bloß eine kleine Schar von Auserwählten durfte hoffen, dem Kreislauf des Schicksals durch die Pforte irgendeiner Geheimlehre zu entrinnen: die ganze Menschheit sah ihre Nacht plötzlich zum Tag gelichtet und erwachte zum Bewußtsein ihrer königlichen Freiheit. Kein Kreislauf mehr! Kein blindes Schicksal mehr! (...) Daher diese innige Freude, dieses Gefühl des Neugeborenseins, das überall aus den frühesten christlichen Schriften hervorleuchtet" (Tragödie, S. 17f.). Die außerordentliche Sprengkraft des Christusereignisses erwies sich besonders auf dem Gebiet der Interpretation der bisherigen religiösen Tradition Israels. Jeder Historiker könne, so de Lubac, den außerordentlichen Wirbel beobachten, der von diesem Ereignis ausgelöst wurde. Es ist ein Vorgang ohne Parallele in der Religionsgeschichte, wie aufgrund dieses Geschehens mit einem Schlag die gesamte religiöse Überlieferung Israels in einer schier grenzenlosen Freiheit und in einem unerhörten Selbstbewußtsein auf Christus hin ausgelegt wurde. Die Konsequenz, mit der dies geschah, ist weder vergleichbar mit irgendeiner der Aktualisierungen innerhalb der alttestamentlichen Heilsgeschichte (z. B. die Deutung der Herausführung aus dem babylonischen Exil als neuer Exodus) noch mit den im Rahmen der hellenistischen Mythendeutung vorgenommenen *Allegorisierungen* (z. B. der seine Kinder verschlingende Saturn als die „Zeit", die alles verschlingt, was sie hervorbringt). Schon allein diese Beobachtung, die dem vorurteilsfreien Blick des Historikers möglich ist, sollte vor allzu voreiligen Parallelisie-

<small>Zum Thema Allegorie siehe näher S. 154f.</small>

rungen mit scheinbar vergleichbaren Vorgängen im Bereich des Hellenismus oder sogar auch innerhalb des Alten Testaments warnen.

De Lubacs wohl wichtigster Beitrag zum Verständnis Jesu Christi ist sein an der Theologie der Kirchenväter anknüpfendes personales Offenbarungsverständnis. Es bestimmt bereits seine Ausführungen in *Exégèse médiévale,* und er hat es, nachdem das Konzil – auch aufgrund seiner Vorarbeiten – dieses Verständnis in der *Offenbarungskonstitution „Dei Verbum"* zugrundegelegt hat, in einem ausführlichen Kommentar erläutert. Die Eröffnungsworte *Dei verbum,* „Gottes Wort" sind programmatisch und bringen den ganzen Inhalt schon auf den Punkt.

DEI VERBUM – WORT GOTTES

Wer oder was ist gemeint mit diesen Anfangsworten, die im Original in Großbuchstaben gesetzt sind? *DEI VERBUM religiose audiens et fidenter proclamans* (GOTTES WORT voll Ehrfurcht hörend und voll Zuversicht verkündigend ...). Zunächst ist man vielleicht versucht zu denken, hier gehe es um das Wort der Heiligen Schrift. Doch der Zusammenhang läßt eindeutig erkennen: Mit dem Wort Gottes ist hier zuallererst das fleischgewordene Wort Gottes, ist Jesus Christus selbst angesprochen. Von ihm heißt es im Ersten Johannesbrief: „Wir künden euch das ewige Leben, das beim Vater war und uns erschien. Was wir gesehen und gehört haben, künden wir euch, damit auch ihr Gemeinschaft mit uns habt. Wir aber haben Gemeinschaft mit dem Vater und mit seinem Sohn Jesus Christus" (1Joh 1,2–3; zitiert in *Dei Verbum* 1). Damit sind der Inhalt der Offenbarung, ihre spezifische Eigenart, die Form ihrer Weitergabe und auch ihr letztes Ziel genannt. Inhalt der Offenbarung ist das ewige Leben, das Leben aber ist Gott selbst. Er ist es, der sich in Jesus Christus unter den Bedingungen von Raum und Zeit als der Mensch Jesus von Nazaret erfahrbar gemacht hat: wir haben ihn gesehen und gehört, sagt der Apostel. Gott offenbart also nicht etwas von ihm Verschiedenes, beispielsweise nur Informationen über ihn, sondern sich selbst. Dieses Leben, das Gott selbst ist, und das gehört und geschaut wurde, wird weitergegeben, indem es bezeugt und verkündet wird. Dieses Zeugnis nun stiftet Gemeinschaft der Glaubenden untereinander. Doch ist diese Gemeinschaft noch nicht die letzte Sinnbestimmung der Selbstmitteilung Gottes. Sie führt hin zur Gemeinschaft mit Gott dem Vater und dem Sohn, worin die Offenbarung ihr letztes Ziel findet. Somit ist Jesus auch der Weg Gottes zu den Menschen, wie er umgekehrt alle Wege der Menschen hin zu Gott in sich aufnimmt und auf den Vater hin orientiert.

Indem das Zweite Vatikanum Offenbarung als Selbstoffenbarung Gottes beschreibt und Christus in den Mittelpunkt stellt als das lebendige WORT des Vaters, setzt es gegenüber der bisherigen Lehrverkündigung der Kirche neue Akzente. Daß die Offenbarung Gottes S*elbst*mitteilung sei und somit eine *communicatio* eröffne und zur *communio* hinführe, hat auch das Erste Vatikanum gelehrt, wenngleich in diesem vorangegangenen Konzil eine mehr *intellektualistische* Vorstellung von Offenbarung überwog: Offenbarung als Mitteilung von Wahrheiten „über" Gott und seinen Heilswillen. Die mehr heilsgeschichtliche Sichtweise des Zweiten Vatikanums wurde zweifellos vorbereitet durch die Verlebendigung der Tradition der Kirchenväter, wie de Lubac sie vorantrieb.

Auch die Identifizierung des Offenbarungsgeschehens mit Jesus Christus stellt gegenüber vorausgehenden Lehrschreiben eine Weiterführung dar. In seiner die Ideologie des Nationalsozialismus zurückweisenden Enzyklika *Mit brennender Sorge* hatte Papst Pius XI. 1937 geschrieben, in Jesus Christus, dem menschgewordenen Gottessohn, „ist die Fülle der göttlichen Offenbarung erschienen". *Dei Verbum* sagt nun, „Jesus Christus ist zugleich der Mittler und die Fülle der ganzen Offenbarung" (*Dei Verbum* 2).

Christus: Quelle der Offenbarung

Damit ist auch die lange umstrittene Frage nach den „Offenbarungsquellen" entschieden. Im Zuge der Auseinandersetzungen mit der protestantischen Theologie und der Debatte um Schrift und Tradition war diskutiert worden, ob Schrift und Tradition zwei Offenbarungsquellen seien, weil das Konzil von Trient angeblich von zwei Quellen *(fontes)* sprach (*Zwei-Quellen-Theorie*). Doch kannte schon Trient nur eine Offenbarungsquelle, indem es in Wirklichkeit von *fons* (Quelle) im Singular spricht. Der Kölner Kardinal Frings hatte beim Konzil mit der Unterscheidung zwischen *fons essendi* (seinsmäßige Quelle) und *fontes inveniendi* (wörtlich: Quellen des Auffindens, der Vermittlung) den entscheidenden Durchbruch gebracht. Christus ist als das WORT GOTTES die eine wahre Quelle der Offenbarung. Heilige Schrift und Tradition sind Weisen der Weitergabe der Offenbarung und somit Quellen nicht in demselben Sinn wie Christus, sondern Quellen im Sinne der Vermittlung (Zwanzig Jahre danach, S. 48f.).

Das Christentum ist keine Buchreligion

Ohne die Bedeutung der Heiligen Schrift als verbindliches Offenbarungs*zeugnis* zu mindern, bedeutet dies alles für das Selbstverständnis des Christentums, daß es – im Unterschied zum Islam etwa – keine „Buchreligion" ist, wie de Lubac nicht müde wurde zu betonen. Es geht im Glauben der Kirche zuallererst um eine personale Beziehung zu Jesus Christus, der uns im Heiligen Geist die Gemeinschaft untereinander und mit dem Vater wieder eröffnet. De Lubac erinnert in diesem Zusammenhang an eine Wortmeldung des Erzbischofs von Ouagadougou (Obervolta), Paul Zounanga, der im Namen von 67 afrikanischen Bischöfen auf dem Konzil sagte: „Eigentlich ist Christus selbst die Offenbarung, die er bringt (...). Die Wahrheiten, die man zu glauben hat, und die Aufgaben, die man zu erfüllen hat, müssen vor allem in ihrem

Bezug zu einer lebendigen Person gesehen werden. Sagt der Welt, daß Christus die göttliche Offenbarung ist. Das schöne Antlitz Christi soll in der Kirche wieder neu erstrahlen. So werden sich die wunderbaren Zeichen der Liebe und Treue wiederholen, die in der Urkirche lebendig waren" (zitiert nach: Zwanzig Jahre danach, S. 50).

Christus, das Neue Testament in Person

In Christus, dem fleischgewordenen WORT Gottes, ist die Urform der Einheit von Gottes Wort in Menschenwort gegeben, wobei die Selbstmitteilung Gottes in Jesus Christus nicht auf seine Worte eingeschränkt ist, sondern seine Worte und Taten umfaßt, ja das gesamte Christusereignis. „Jesus Christus ist das Evangelium in Person", er ist „das Neue Testament in Person", konnten mittelalterliche Theologen sagen, aus deren Reihe de Lubac u. a. Amalarius von Metz zitiert (*Liber officialis II,* 20). Weil es nicht in erster Linie um die Beziehung zu einem Buch, sondern zu einer Person geht, kann man – um einen provokativen Buchtitel aufzugreifen – von einem „Christentum ohne Neues Testament" sprechen, wenn man darunter die Schriftensammlung versteht, die in der zweiten Hälfte des ersten Jahrhunderts aus dem Prozeß der Verschriftlichung des Christuszeugnisses hervorging. Die ersten Märtyrer der Kirche starben für ihren Glauben an Christus Jesus, ohne je ein Neues Testament in Händen gehalten zu haben. Versteht man aber das Neue Testament von seinem Ursprung her personal, dann ist die genannte Formulierung ein Widerspruch in sich. Es gibt kein Christentum ohne Christus. Wenn nun die Augen- und Ohrenzeugen Jesu kraft des Heiligen Geistes das Evangelium verkündeten, dann hatte diese ihre Verkündigung keinen anderen Inhalt als das Heilsgeschehen in Christus Jesus, seine Worte, seine Taten, vor allem aber sein Leiden, seinen Kreuzestod und seine siegreiche Auferstehung. Das Zeugnis vom einen WORT Gottes wird überliefert in den menschlichen Worten derer, die ihm begegnet waren und die ihn, erleuchtet vom Heiligen Geist, als den endgültigen Heilbringer, als den Offenbarer des Vaters erkannten. Deshalb kann Paulus sagen, daß auch seine Christusverkündigung an die Thessalonicher (wie auch an die anderen Gemeinden) Gottes Wort im Menschenwort ist. „Wir danken Gott unablässig dafür, daß ihr das Wort Gottes, das ihr durch unsere Verkündigung empfangen habt, nicht als Menschenwort, sondern – was es in Wahrheit ist – als Gottes Wort angenommen habt; und jetzt ist es in euch, den Gläubigen wirksam" (1 Thess 2,13). Deshalb auch kann nach der Lesung beim Wortgottesdienst, sei sie aus dem Alten oder Neuen Testament genommen, zu Recht gesagt werden: „Wort des lebendigen Gottes", denn im Menschenwort der Schrift wird, vorausweisend im Alten Testament, unmittelbar im Neuen, letztlich nur das eine WORT Gottes bezeugt, das der fleischgewordene Sohn des Vaters ist.

Erfüllung des Alten Testaments

Jesus Christus ist das endgültige WORT des Vaters, der *Logos* ist der Sohn (Joh 1,16.18), aber es ist nicht sein erstes Wort. Denn, so sagt es der Hebräerbrief, ehe Gott in dieser Endzeit zu uns gesprochen hat durch den Sohn, hat er „viele Male und auf vielerlei Weise einst zu den Vätern gesprochen durch die Propheten" (Hebr 1,1f.). Durch die Selbstmitteilung in Jesus Christus wird deutlich, daß auch die Heiligen Schriften Israels vollgültiges Wort Gottes sein können und sind. Denn Gott ist kein „einsamer", in sich verschlossener Gott, er vollzieht vielmehr sein göttliches Wesen in der inneren Bezogenheit von Vater, Sohn und Geist. Gott ist in sich Kommunikation, Austausch, in ihm gibt es die Unterscheidung von Denken und Gedachtem, von Sprechen und Wort, von Liebe und Geliebtem. Somit kann er sich auch dem Geschöpf mitteilen, ohne seine Göttlichkeit zu verlieren. Diese seine Mitteilung ist deshalb auch frei, denn Gott bedarf ihrer nicht zu seiner Selbstvervollkommnung (vgl. Glauben aus der Liebe, S. 294f.).

Verbum abbreviatum – abgekürztes Wort

Der Gedanke, daß die vielen Worte Gottes in dem einen WORT, das der Sohn Gottes ist, zusammengefaßt sind, wurde im Mittelalter besonders von Theologen aus dem Zisterzienserorden mit Vorliebe in Advents- und Weihnachtspredigten angesprochen. Biblischer Ausgangspunkt waren der Johannesprolog (Joh 1,1–18), der Beginn des Hebräerbriefes (Hebr 1,1–2) sowie ein Vers aus dem Römerbrief, der seinerseits ein Wort aus dem Buch des Propheten Jesaja aufgreift. In der Vulgata lautet der Vers: *Verbum (ab)breviatum faciet Dominus super terram* – ein kurz-gefaßtes Wort wird der Herr auf Erden verwirklichen (Röm 9,28, Jes 10,23 aufgreifend – die deutsche Einheitsübersetzung macht diese Gedanken leider so nicht nachvollziehbar). In Jesus, dem fleischgewordenen Wort des Vaters, ist das Wort des Propheten in Erfüllung gegangen: Jesus ist dieses kurzgefaßte, abgekürzte, all die vielen Worte zusammenfassende Wort in Person. Guerric (1070/81–1157), Abt von Igny, ein Schüler des hl. Bernhard von Clairvaux, predigt über das Weihnachtsevangelium: „Wenn wir fromm und aufmerksam lauschen auf dieses Wort, das der Herr heute hervorgebracht und uns gezeigt hat, wie viel und wie leicht können wir da von ihm lernen! Denn es ist gewissermaßen ein abgekürztes Wort, doch auf solche Weise gekürzt, daß darin jedes Wort, das dem Heile dient, zusammengefaßt ist. Denn es ist ein Wort, das zusammenfaßt und kürzt in Gerechtigkeit (Is. X,23 Vulgata). (...) Doch ist es nicht erstaunlich, daß das Wort Gottes alle seine Worte an uns abgekürzt haben sollte, als es wünschte, selbst abgekürzt und gewissermaßen gering gemacht zu werden, daß es sich von seiner unfaßlich gewaltigen Größe in gewisser Weise zusammenzog in die Enge des Mutterschoßes, und daß er, der die Welt umfangen hält, in einer Krippe sich hat bergen lassen?" (*In nativitate Domini* sermo 5,3).

Siehe dazu das gleichnamige Kapitel aus *Exégèse médiévale*, dt. in *Typologie. Allegorie. Geistiger Sinn*, S. 204–217.

Vulgata: wörtlich „die allgemein verbreitete", Bezeichnung für die vom hl. Hieronymus (347–419) erstellte lateinische Bibelübersetzung, die in der katholischen Kirche verbindlich war.

Zum hl. Bernhard vgl. die Randnote auf S. 174.

Die Kirche:
Sakrament und Mutter

Fester Bestandteil des dogmatischen Themenkatalogs ist heute die Lehre von der Kirche (= *Ekklesiologie*). Dies war nicht immer so. Bis weit ins Mittelalter hinein war die Kirche sich selbst nicht ausdrücklich ein theologisches Thema. Die Kirche wurde als ein Werk des Heiligen Geistes mitgeglaubt, besser: *in ihr* wurde geglaubt, von ihr wurde der Glaube empfangen, sie garantierte die Kontinuität der Überlieferung und die Wahrheit der Auslegung der Schriften. Sie war gewissermaßen die Atmosphäre, in der der Christ atmete, der Glaube gedieh. Mehrere Ursachen führten dazu, daß sich das Thema Kirche selbst in das Blickfeld ausdrücklicher theologischer Reflexion schob: die Reformbewegungen der Kirchengeschichte, vor allem aber die Kirchenspaltungen warfen die Frage nach der wahren Kirche und den Bedingungen ihrer Zugehörigkeit auf. Nach ersten Anfängen bereits im Spätmittelalter im Zusammenhang mit den Fragen nach dem Verhältnis von Konzil und Papst entstehen endgültig im 19. Jahrhundert – eine maßgebliche Rolle spielten die sog. Tübinger und die sog. Römische Schule – systematische Traktate über die Kirche, ihr Wesen, ihre Stiftung, ihre konkrete Verfassung und ähnliche Fragestellungen mehr.

Das kirchliche Lehramt selbst hat erstmals auf dem Zweiten Vatikanischen Konzil umfassend das kirchliche Selbstverständnis formuliert in der *Dogmatischen Konstitution über die Kirche „Lumen gentium"*.

Henri de Lubac hat gerade auch für den noch jungen Traktat über die Kirche bedeutende Erkenntnisse beigesteuert.

Dabei sind seine Reflexionen über die Kirche vom klaren Bewußtsein begleitet, daß diese Beschäftigung mit sich selbst für die Kirche auch gefährlich ist, und zwar aus zwei Gründen. Zum einen droht die Beschäftigung mit sich selbst zu lähmender „Nabelschau" zu führen: „Besteht nicht die Gefahr", so fragt de Lubac, „daß das Subjekt – statt auf den wirklichen Gegenstand seines Glaubens zu blicken, den wahren Gegenstand seiner Hoffnung anzurufen – sich selbstbespiegelnd auf sich zurückwendet, falls es sich so betont zum Objekt der eigenen Überlegung macht, und wird es dann nicht, in einem störenden Selbstgenuß, zu einem, der sich selber beim Beten zusehen möchte und sich so ein Hindernis auftürmt zwischen seinem Auge und der Wirklichkeit, an die es glaubt und auf die es hofft?" (Die Kirche, S. 15). Die andere Gefahr ist, daß die Kirche sich mit dem Licht verwechselt, das sie widerspiegeln soll. *Lumen Gentium,* also „Licht der Völker", die programmatischen Anfangsworte der Kirchenkonstitution, beziehen sich aber gerade nicht auf die Kirche, sondern auf Christus. Mehrfach illustriert de Lubac die Christuszentriertheit des Konzils durch die Geste Papst Pauls VI., der im Januar 1964 als erster Papst seit mehreren hundert Jahren den Vatikan zu einer Auslandsreise verließ und in das Heilige Land pilgerte: „Er kniete vor dem Heiligen Grab nieder, um zu zeigen, daß alle Christen Christus treu sind. Er ging dorthin, um zu bezeugen, daß die Kirche nichts ist, wenn sie nicht die Dienerin Christi ist, wenn sie nicht sein Licht widerspiegelt und sein Leben weitergibt. So wie man Papst Honorius III. auf dem berühmten Mosaik in der Basilika Sankt Paul vor den Mauern darstellt, so wollte sich Paul VI. auf die Erde werfen, klein werden vor dem großen, majestätischen Christus" (Zwanzig Jahre danach, S. 26).

Giovanni B. Kardinal Montini, Erzbischof von Mailand, nach dem Tod von Papst Johannes XXIII. (3. Juni 1963) am 21. Juni zu dessen Nachfolger gewählt, nannte sich **Paul VI.** (1897–1978).

Aber die Kirche ist in Frage gestellt. Also muß sie sich selber über ihr Wesen klar werden, auch wenn die Beschäftigung mit sich selbst Gefahren mit sich bringt.

Credo ecclesiam

Wird die Kirche nicht aber schon von frühester Zeit an im Glaubensbekenntnis ausdrücklich genannt? In der Tat nen-

DIE KIRCHE: SAKRAMENT UND MUTTER

nen sowohl das große *Nizäno-Konstantinopolitanische* Glaubensbekenntnis wie auch das vor allem in der Liturgie der Westkirche gebräuchliche *Apostolische Glaubensbekenntnis* die Kirche in unmittelbarem Zusammenhang mit dem Glauben an den Heiligen Geist. Schon in seinen Vorträgen über die Kirche und später ausführlich noch einmal in dem Buch *Credo. Gestalt und Lebendigkeit unseres Glaubensbekenntnisses* (1970/1975) erläutert de Lubac die besondere Weise des christlichen Glaubens in bezug auf die Kirche: Dreifach läßt sich das lateinische *credo* (vermutlich von *cor do* = ich gebe mein Herz) verstehen: 1. *Credo Deum esse* = ich glaube, daß es Gott gibt. 2. *Credo Deo* = ich glaube Gott, ich vertraue mich ihm an. Eine dritte Form ist die spezifisch christliche, vom biblischen Sprachgebrauch herkommende: 3. *Credo in Deum* = ich glaube in Gott hinein, auf Gott zu. Dahinter steht die hebräische Vorstellung von Glauben als einem sich in Gott verankern, sich in Gott festmachen, wie es dann im Johannesevangelium heißt: „Euer Herz lasse sich nicht verwirren: Glaubt an Gott und glaubt an mich!" (Joh 14,1). An Gott glauben heißt, ihn bekennen, ihm huldigen, ihn anbeten, sich ihm mit der ganzen Existenz ausliefern, auf ihn hin glauben in der Einheit von Glaube, Hoffnung und Liebe. In Treue zu dieser biblischen Vorgabe nahmen die Christen in Kauf, mit dieser Wendung *pisteuein eis* (griech.) und *credere in* (lat.) schon das griechische und dann auch das lateinische Sprachempfinden zu verletzen. Aber auch dies gehört zur Neuheit des Christlichen: Denken und Sprache wird geweitet und um neue Ausdrucksmöglichkeiten bereichert.

Dieses *Credere in* kann sich allein auf die göttlichen Personen beziehen. Nur an Gott kann man in dieser Weise glauben. Wenn in der dritten Strophe des Glaubensbekenntnisses dann auch vom Glauben „an" die Kirche die Rede ist, so ist zu beachten, daß hier im Lateinischen kein „in" steht: *Credo ecclesiam*. De Lubac erinnert daran, daß anfangs wohl mit der Erwähnung der Kirche diese als Ort bezeichnet wurde, in

> Nach den beiden ersten ökumenischen Konzilien von Nizäa (325) und Konstantinopel (381), die dieses große **Glaubensbekenntnis** als Ausdruck des christlichen Glaubens bekannten.

141

dem allein der Glaube an den dreifaltigen Gott bekannt werden kann, im Sinne etwa von: Ich glaube an Gott, den Vater, den Sohn und den Heiligen Geist, in der Versammlung seiner Kirche. Christen „glauben die Kirche" auf die gleiche Art, wie sie den Glauben bezeugen, daß Himmel und Erde von Gott dem allmächtigen Vater geschaffen sind, daß es eine Menschwerdung, einen Tod, eine Auferstehung und Himmelfahrt Jesu Christi gibt. Mit der Erwähnung der Kirche im Credo bekennt der Christ die Kirche als ein Werk des Heiligen Geistes und er bejaht, daß sie ihm den Glauben vermittelt, in dem er das Heil, die Gemeinschaft der Heiligen, die Vergebung der Sünden und Auferstehung zum ewigen Leben findet.
Ein dem Konzil vorangehendes lehramtliches Dokument über die Kirche von Papst Pius XII. aus dem Jahre 1943 trug den programmatischen Titel *Mystici corporis* und stellte das paulinische Bild von der Kirche als dem Leib Christi (1 Kor 10,16) in den Mittelpunkt. Der Heilige Geist wird als die Seele dieses Leibes bezeichnet.
1939, bereits vor Erscheinen der Enzyklika, hatte de Lubac sein Werk *Corpus mysticum* abgeschlossen. Der Krieg verzögerte die Veröffentlichung.

Corpus mysticum – mystischer Leib

In dieser Studie dringt de Lubac mit einer begriffsgeschichtlichen Untersuchung über die Zuordnung von „mysticum" zu „corpus Christi" zum grundlegenden Verhältnis von Eucharistie und Kirche vor.
Seit der Bulle *Unam Sanctam* von Papst Bonifaz VIII. (1302) schien der Begriff *Corpus mysticum* die immer schon gültige Bestimmung von Kirche zu sein. De Lubac weist nach, daß die Formulierung „mystischer Leib" (in seiner griechischen Form *soma mysticon*) jedoch zuerst bei dem in Jerusalem wirkenden Theologen Hesychius († Mitte des 5. Jh.) begegnet und vermittels lateinischer Übersetzungen zu den westlichen Theologen des neunten Jahrhunderts gelangt. „Corpus mysti-

cum" bezeichnet bei all diesen Autoren nun allerdings nicht die Kirche, sondern den eucharistischen Leib (im Unterschied zum historischen und verklärten Leib Christi). Umgekehrt findet sich bei Augustinus die Bezeichnung „Corpus Christi verum" (wahrer Leib Christi) für die Kirche. Im 25. Kapitel des 21. Buches des *Gottesstaates*, wo Augustinus von der Kirchengliedschaft als notwendiger Voraussetzung für den rechten Sakramentenempfang spricht, ist auch von den Anführern der Irrlehrer die Rede, denen es nichts nütze, einmal in der katholischen Kirche getauft und im „wahren Leib Christi", der die Kirche ist, die Sakramente empfangen zu haben (*De Civitate Dei* XXI,25,3). Erst im 11. Jahrhundert wird ein grundlegender Wandel im Sprachgebrauch eingeleitet. Anlaß ist die symbolistische Deutung der Eucharistie durch den Theologen Berengar von Tours (ca. 1005–1088).

Nur symbolisch?

Berengar vertritt die Auffassung, die konsekrierten Elemente von Brot und Wein repräsentierten Leib und Blut Christi, würden aber in ihrer Natur nicht verändert. Berengar wurde exkommuniziert, unterwarf sich aber später dem kirchlichen Lehramt und stimmte den ihm abverlangten Bekenntnisformeln zu. In der Auseinandersetzung mit ihm kommt es zu einer verstärkten Betonung der Realpräsenz, also der wahren Gegenwart Christi in der Eucharistie. Und so wechseln nun nach und nach die Attribute: der eucharistische Leib wird zum „Corpus Christi verum", die Kirche zum „Corpus Christi mysticum" (frühestens nachzuweisen bei Magister Simon in dessen *Tractatus de sacramentis* um 1170: Corpus mysticum, S. 130). De Lubac zeigt, wie die Kirche nun auch als Glaubensgeheimnis (Mysterium) allmählich aus dem Bewußtsein entschwindet, weil – anders noch als bei den Kirchenvätern – „mystisch" zunehmend im Sinne von „nur geistig" als Gegensatz zu real, greifbar und sichtbar verstanden wird. Der Zusammenhang von Eucharistie und Kirche, den es im

Anschluß an 1 Kor 10,16 neu zu gewinnen gelte, ist ein gegenseitiges Konstitutionsverhältnis: Kirche und Eucharistie gründen ineinander. De Lubac prägte dafür eine Formulierung, die auf dem Konzil oft zitiert wurde: „Die Kirche schafft die Eucharistie, und die Eucharistie schafft die Kirche." In der Feier der Eucharistie empfängt die Kirche sich je neu als Leib Christi, so daß sie im Heiligen Geist Realpräsenz Christi in der Welt sein kann. Nochmals mit Augustinus gesagt, der in einer Predigt den Gläubigen zuruft: „Wenn ihr der Leib Christi seid, wird das Sakrament, das ihr selber seid, auf den Tisch des Herrn gelegt; ihr empfangt das Sakrament, das ihr selber seid. Ihr antwortet auf das, was ihr empfangt, mit ‚Amen', und ihr unterzeichnet es, indem ihr darauf antwortet. Du hörst das Wort ‚Der Leib Christi', und du antwortest: ‚Amen'. Sei also ein Glied Christi, damit dein Amen wahr sei!" (*Sermo* 272).
Weitere ekklesiologische Themen behandelt de Lubac in dem aus Vorträgen zu Priesterkonferenzen in den Jahren unmittelbar nach dem Zweiten Weltkrieg entstandenen Buch *Die Kirche*. Nur einige Themenbereiche seien ausgewählt.

Die Kirche – Paradox und Mysterium

Die Kirche ist Gegenstand des Glaubens. Dies meint der Ausdruck, die Kirche sei Mysterium. Näherhin kommt dadurch zum Ausdruck, daß die Kirche wie ihr Herr Göttliches und Menschliches vereint.
Die Kirche ist, vorgesehen schon im Schöpfungsplan, konstituiert als Bundesvolk Israel in der Herausführung aus Ägypten, als erneuertes Bundesvolk gesammelt von Jesus Christus, letztlich Werk des heiligen und heiligenden Geistes, der den Leib Christi als Seele durchlebt. Die Kirche bezeugt das Evangelium, sie bringt in der Kraft des Heiligen Geistes die Schrift als Offenbarungszeugnis hervor, in ihr vollzieht sich das gesamte Heilsgeschehen. Sie ist der „fortgesetzte Christus", die in die Geschichte hinein verlängerte Inkarnation Christi: „das Geheimnis der Kirche faßt das gesamte Heilsmysterium

DIE KIRCHE: SAKRAMENT UND MUTTER

in sich zusammen. Es ist darin auch der Inbegriff unseres eigenen Geheimnisses. Es faßt uns mit unserer ganzen Existenz in sich ein, umhüllt uns von allen Seiten, denn in seiner Kirche betrachtet und liebt uns Gott, in ihr will er uns, in ihr begegnen wir ihm, in ihr sagen wir unser Jawort zu ihm, und er antwortet uns mit seiner Seligkeit" (Die Kirche, S. 37).
Zugleich ist die Kirche auch ganz menschlich. Sie kann nicht wie ihr Herr sagen: Wer von euch kann mich einer Sünde überführen? (Joh 8,46). Die Mittelmäßigkeit und Sündigkeit der Christen, die Zerbrechlichkeit der Gefäße, denen Gott in Jesus Christus sein Heil anvertraut hat, ist ärgerlich. Hier meldet sich ein noch größeres Paradox als es das Geheimnis des menschgewordenen Gottessohnes darstellt. „Wenn einer die Kirche ohne Ärgernis hinzunehmen gewillt ist, dann muß sich sein Auge noch viel mehr als für die Betrachtung Christi reinigen und wandeln lassen. Noch viel nötiger wird es sein, ‚das Dunkel erdhaften Sinnens und den Rauch welthafter Weisheit von sich zu tun' (Leo der Große), wenn man ein wenig Einsicht in sie gewinnen will" (Die Kirche, S. 41).
Allerdings ist die Unzulänglichkeit der Kirche nicht der einzige Grund für eine mögliche Ablehnung. Wie schon ihr Herr muß auch sie damit rechnen, gerade dort, wo sie am gültigsten das Wort Gottes verkündet, sehr wohl verstanden und gerade deshalb zurückgewiesen zu werden. „Sie ist der immerwährende Zeuge Christi, sie ist der Herold des lebendigen Gottes. Sie ist die aufdringliche, unbequeme Gegenwart dieses Gottes unter uns. Es wäre gut, wenn wir, die wir in dieser Kirche sind, das bei uns selber verstünden, so deutlich mindestens, wie es mancher erahnt, der die Kirche fürchtet und flieht" (Die Kirche, S. 41).

Gemeinsames und besonderes Priestertum

Hat Christus seiner Kirche nur als ganzer Anteil gegeben an seinem hohenpriesterlichen Amt, oder hat er in ihr auch ein besonderes Priestertum eingesetzt, das er mit seiner Voll-

145

Presbyter: das deutsche Wort Priester kommt, über Vermittlung des altfranzösischen *prestre*, vom griechischen *presbyteros*. Dies ist eine Amtsbezeichnung und heißt wörtlich „an Alter oder Stand vorgerückt"; im Neuen Testament Bezeichnung für Vorsteher, die in der Nachfolge der Apostel zusammen mit den Episkopen/Bischöfen das Leitungsamt innehaben. Anfangs nicht klar vom Bischofsamt geschieden, wird es schon im 2. Jahrhundert Bezeichnung für die zweite Weihestufe.

macht ausgerüstet und zum besonderen Dienst bestellt hat? Diese Fragestellung markiert bis auf den heutigen Tag eine der Hauptdifferenzen zwischen der katholischen Kirche und den Kirchen der Reformation. Luther hatte vor allem unter Berufung auf 1 Petr 2,5–9 (Ihr aber seid ein auserwähltes Geschlecht, eine königliche Priesterschaft) ein sakramentales, von Jesus Christus seiner Kirche eingestiftetes Priesteramt in der Kirche bestritten. Für Luther und die anderen Reformatoren ist das Amt der Wortverkündigung und Sakramentenverwaltung eine Einrichtung der Kirche und somit nicht *göttlichen*, sondern nur *menschlichen* Rechtes, der Gestaltung der Kirche in je veränderten Situationen anheimgestellt. Die katholische Kirche hat auf dem Konzil von Trient (1545–1563) in Reaktion auf Luther ihren Glauben bekräftigt, daß der Kirche von ihrem Herrn selbst das besondere Priestertum gegeben wurde, das sich in die *drei Weihestufen von Bischof, Presbyter und Diakon* entfaltet, wobei dem Bischof und dem Presbyter die Darbringung des eucharistischen Opfers zukommt.

Es konnte nun der Eindruck entstehen, die katholische Kirche kenne nur das besondere Priestertum, während die evangelische Kirche, dem biblischen Zeugnis scheinbar näher, das gemeinsame Priestertum aller Gläubigen hochhält.

De Lubac wendet sich in einem eigenen Kapitel („Das Priestertum", 118–127) von *Die Kirche* gegen diese falsche Alternative. Gestützt auf die Quellensammlung seines Jesuitenmitbruders Paul Dabin, der den Zeugnissen für das kirchliche Bewußtsein vom gemeinsamen Priestertum aller Gläubigen durch die Jahrhunderte nachgegangen war und sie in einem umfangreichen Werk vorgestellt und kommentiert hat, erinnert de Lubac daran, daß zur Zeit der Kirchenväter und auch in der Scholastik durchaus kein Gegensatz zwischen dem gemeinsamen und dem besonderen Priestertum gesehen wurde:

Papst Leo der Große etwa rühmt in einer Predigt aus Anlaß

DIE KIRCHE: SAKRAMENT UND MUTTER

seines Weihetages die Würde des gemeinsamen Priestertums: „Mag auch die gesamte Kirche Gottes in bestimmte Rangstufen gegliedert sein, so daß die Einheit ihres Leibes verschiedene Teile umfaßt, ‚so sind wir doch‘, wie der Apostel sagt, ‚alle einer in Christus‘ (vgl. Gal 3,28). Kein Glied steht, wie unscheinbar es auch sein mag, der Aufgabe des anderen fern, daß es nicht mit dem Haupte verbunden wäre. In der Einheit des Glaubens und der Taufe genießen wir, Geliebteste, unterschiedslose Gleichheit und gemeinsame Würde. (...) Alle, die in Christus wiedergeboren sind, macht das Zeichen des Kreuzes zu Königen, während sie die Salbung des Heiligen Geistes zu Priestern weiht" (*Sermo* 4).

Ganz ähnlich hatte sich schon über ein Jahrhundert vor ihm Augustinus ausgedrückt, der ebenfalls in einer Predigt zum Jahrestag seiner Bischofsweihe unterstreicht, daß das ihm übertragene Amt die Glieder der Kirche nicht entmündigt, sondern daß er zum Dienst an der Kirche beauftragt ist: „Wo er mich schreckt, was ich für euch bin, tröstet er mich dort, was ich mit euch bin. *Für euch nämlich bin ich Bischof, mit euch bin ich Christ.* Jener ist der Name des empfangenen Amtes, dieser der Gnade; jener der Gefahr, dieser des Heiles" (*Sermo* 340).

Gemeinsames Priestertum aller Gläubigen und das besondere sakramentale Dienstamt in der Kirche schließen sich also nicht aus, sondern sind aufeinander hingeordnet. Das besondere Priesteramt der Kirche ist nicht Privilegierung, sondern Dienst an der Gemeinschaft der Gläubigen, insofern der zum geistlichen Amt Bestellte Christus, das Haupt seiner Kirche, in der besonderen Teilhabe an dessen prophetischem, priesterlichem und königlichem Amt vergegenwärtigt in der Verkündigung des Wortes, in der Heiligung (Sakramentenspendung) und Leitung der Kirche.

De Lubac hat sich nach dem Konzil verschiedentlich gegen die Versuche auch auf seiten katholischer Theologen gewandt, die These der *liberalprotestantischen Dogmengeschichtsschreibung* zu übernehmen, wonach sich die Theologie des Priesteramtes im Laufe des vierten Jahrhunderts von seinem biblischen Ursprung entfernt und in ein jüdisches oder gar heidnisches Verständnis von Opferpriestertum zurückgefallen sei. Unter Berufung auf die neutestamentlichen Quellen und das Zeugnis des Ignatius von Antiochien, Irenäus von Lyon und vieler anderer belegt er die Kontinuität im Wesentlichen bei allem äußeren Wandel (vgl. S. 73).

In diesen Zusammenhang gehört auch die Frage nach der Zuordnung des Weihepriestertums zum männlichen Geschlecht. Sie wird nur verständlich, wenn berücksichtigt wird, daß sich die Offenbarung einzeichnet in die geschöpfliche Wirklichkeit, in diesem Falle in die mit der Schöpfung gegebene Geschlechterpolarität. De Lubac liefert auch hierfür wichtige Ansätze.

Die Mütterlichkeit der Kirche und geistliche Vaterschaft

Zu den bedeutendsten Errungenschaften einer Theologie der Kirche im 20. Jahrhundert gehört die Wiederentdeckung Marias als „Urbild der Kirche". De Lubac war maßgeblich an dieser Wiederentdeckung beteiligt, wenngleich er auf andere Denker verweist, die hier bahnbrechend gewirkt haben.

Paul Claudel (1868–1955), franz. Diplomat und Dichter, Wiederentdecker u. a. auch der geistigen Schriftauslegung.

Es waren vor allem Pierre Teilhard de Chardin und der Dichter Paul Claudel, die die Gestalt Mariens wieder neu in engstem Zusammenhang mit der Kirche sehen lehrten und damit die Marienverehrung aus einer Randzone des Glaubens herausholten und ihr den rechten Platz zuordneten.

„Die Mutter Gottes ist für mich ein und dasselbe wie die heilige Kirche, ich habe nie gelernt, die beiden zu unterscheiden", sagt Claudel in seiner knorrigen Art, womit er, wie de Lubac präzisiert, eigentlich sagen wollte, daß er immer besser gelernt habe, wie unauflöslich Maria und Kirche zusammengehören. Diese Einsicht ist bei Claudel aufs engste verbunden mit seinem Bekehrungserlebnis selbst. Bei der Weihnachtsvesper 1886 in Notre-Dame in Paris, wohin er mehr aus Langeweile

DIE KIRCHE: SAKRAMENT UND MUTTER

gegangen war, bricht beim Gesang des Magnifikat, des Lobgesanges Mariens, der ganze katholische Glaube mit Wucht in ihn ein und er erkennt, wie alles, was von Maria gesagt wird, für die Kirche gilt, wie umgekehrt die Kirche in Maria ihr vollkommenes Urbild schaut (vgl. Geheimnis, S. 125).

Teilhard hat dieselbe Einsicht formuliert in dem Gedicht *Hymne an das ewig Weibliche*. Parallel zu seiner kosmischen Christologie entwirft Teilhard hier eine kosmische Mariologie, die das „ewig Weibliche" als das kreatürliche Prinzip der körperlichen und geistigen Empfänglichkeit in Maria sich gipfeln sieht: „Versteht ihr jetzt das Geheimnis eures Erbebens, wenn ich herannahe? (...) Ich bin die Kirche, Jesu Braut. Ich bin die Jungfrau Maria, aller Menschen Mutter."

PIERRE TEILHARD DE CHARDIN, *Hymne an das ewig Weibliche* (aus dem Jahr 1917, 1965 von de Lubac herausgegeben und kommentiert, dt. 1968), S. 13.

In Maria konkretisiert sich das Wesen von Kirche, da in ihr das katholische Prinzip von der Bedeutung der menschlichen Mitwirkung an der Erlösung sichtbar wird, die der Kirche als ganzer und jedem einzelnen Christen aufgetragen und möglich ist und die in Maria in urbildhafter Weise geschehen ist, insofern Gottes Sohn nicht ohne ihr glaubendes Ja Mensch werden wollte. So kann de Lubac der Diagnose Karl Barths zustimmen: „Die ‚Mutter Gottes' des römisch-katholischen Mariendogmas ist (...) sehr schlicht das Prinzip, das Urbild und der Inbegriff des bei seiner Erlösung auf Grund der zuvorkommenden Gnade dienend *(ministerialiter)* mitwirkenden *Geschöpfs*

KARL BARTH, *Kirchliche Dogmatik*, I/2 (1938), S. 157 und 160, zitiert in HENRI DE LUBAC, Die Kirche, S. 284.

und eben als das auch das Prinzip, das Urbild und der Inbegriff der *Kirche*. (...) Die Kirche, in der Maria verehrt wird, *muß* sich so verstehen, wie sie sich im Vaticanum verstanden hat, gerade wie dieselbe Kirche sein *muß*: die Kirche des auf Grund von Gnade bei der Gnade mitwirkenden Menschen." Während Karl Barth diese Sichtweise von seiner – calvinistischen – Position her entschieden ablehnt, kommt für de Lubac darin gerade ein Spezifikum christlichen Verständnisses von Gott und Mensch zum Ausdruck: „Der katholische Glaube, die Jungfrau Maria betreffend, faßt in ihrem privilegierten Fall sinnbildlich die gesamte Lehre von der menschlichen Mitwirkung an der Erlösung zusammen und bietet damit so etwas wie die Synthese oder die Grundidee des Kirchendogmas" (Die Kirche, S. 285).

Die Kirche als Mutter gebiert in der Taufe ihre Kinder, umgekehrt ist jeder Christ berufen, selbst in seinem Herzen Christus zu empfangen und ihn in seinem Leben Gestalt werden zu lassen (vgl. das große Thema „Gottesgeburt in der Seele", das die christliche Spiritualität beherrscht).

HENRI DE LUBAC, Quellen kirchlicher Einheit, 1974, S. 156–171.

Komplementär zum Thema Mütterlichkeit der Kirche gehört das Thema „geistliche Vaterschaft" und Priestertum des Mannes. Jesus repräsentiert Gott den Vater, und insofern die Apostel und ihre Nachfolger kraft des Heiligen Geistes Jesus Christus als den Herrn der Kirche repräsentieren, wird mit dem Apostel Paulus der Bischof auch Vater genannt (1 Kor 4,15). Die Vaterschaft der Bischöfe ist Teilnahme an der Vaterschaft Gottes in Christus. Durch die Verkündigung des Evangeliums, durch die Leitung der Kirche und durch die Heiligung in den Sakramenten vergegenwärtigen sie Christus, den Gesandten des Vaters, in der Gemeinschaft der Kirche. Dies hat nichts zu tun mit Patriarchalismus oder Zweiklassenkirche, sondern nimmt die geschöpfliche Geschlechterdifferenz ernst als Medium der Offenbarung Gottes. Die von de Lubac mehr angedeutete als ausgeführte Theologie der Geschlechter, die für das katholische Verständnis von der Kirche und des gesamten Heilsdramas zwischen Gott und Mensch von höchster Bedeutung ist, stützt sich nicht auf eine Gegenüberstellung von vermeintlich typisch weiblichen und typisch männlichen Wesensmerkmalen, sondern auf die relationale Bezogenheit von Mann und Frau, die im Sakrament der Ehe als Realsymbol der Liebe Gottes zu den Menschen ihre tiefste Heiligung erfährt und in die sich die göttliche Selbstmitteilung einschreibt, wenn Christus als der Repräsentant des Vaters sich als der Bräutigam der Kirche, seiner Braut, vorstellt.

Die Kirche als Gemeinschaft der Gläubigen ist auch Ort der Entstehung und damit der rechten Auslegung der Heiligen Schriften des Neuen Testaments.

Der vierfache Schriftsinn

Der *Katechismus der Katholischen Kirche* (1993) empfiehlt zur umfassenden Deutung der Biblischen Schriften die Anwendung der Lehre vom „vierfachen Schriftsinn" (Nr. 115–120). Damit ist ein weiteres Thema, dem Henri de Lubac sich gewidmet hat, wieder ins Glaubensbewußtsein der Kirche gerückt worden. In einer Reihe von Aufsätzen, vor allem aber dann in seinem Buch über Origenes und den darauf aufbauenden vier Bänden von *Exégèse médiévale* (Exegese des Mittelalters), die den Untertitel *Les quatre sens de l'Ecriture* (Die vier Schriftsinne) tragen, hat de Lubac die Bedeutung dieser Lehre in seiner ganzen Tragweite herausgearbeitet, dem Vergessen entrissen und ihren aktuellen Gehalt in die Gegenwartsdiskussion eingebracht.

Ein Merkvers

Um sich die Lehre einprägen zu können, wurde im Mittelalter ein rhythmischer Merkvers, ein Distichon, formuliert:

Littera gesta docet, quid credas allegoria.
Moralis quid agas; quo tendas anagogia.
[Der Buchstabe lehrt die Ereignisse;
was du zu glauben hast, die Allegorie;
der moralische Sinn, was du zu tun hast;
wohin du streben sollst, die Anagogie.]

Die Heilige Schrift hat also vier Sinndimensionen: den *buchstäblichen* Sinn (der mit der Geschichte korrespondiert), den *allegorischen* Sinn (der sich auf den Glauben bezieht), den *moralischen* Sinn (der auf das Handeln abzielt, das in der Liebe seine höchste Norm hat), und schließlich den *anagogischen* Sinn (der die Hoffnung weckt und stärkt).
Schon ein erster Blick auf diese Lehre zeigt, daß es nicht um eine willkürliche Aneinanderreihung von in sich unzusam-

menhängenden Aspekten geht, sondern daß darin eine Struktur erkennbar wird, die den gesamten christlichen Lebensvollzug in Glaube, Liebe und Hoffnung umfaßt.

1. Im einzelnen: *Der Buchstabe lehrt die Ereignisse.* Dies besagt, daß die Heilige Schrift Alten und Neuen Testaments zunächst zu verstehen ist als Zeugnis einer geschichtlichen Offenbarung Gottes in seinem Volk Israel und dann als Ziel und Höhepunkt in Jesus Christus. Die Heilige Schrift ist nicht selbst Offenbarung, sondern Offenbarungs*zeugnis*, insofern menschliche Autoren, vom Heiligen Geist inspiriert, in menschlichen Worten Ereignisse bezeugen, in denen sich Gott selbst kundtut: Gottes Wort in Menschenwort. Die traditionelle Schriftauslegung ordnet dieser ersten Ebene den buchstäblichen Sinn zu. Die Entwicklung der modernen exegetischen Wissenschaft nötigt im Hinblick auf diese erste Ebene zu einigen weiteren Überlegungen. Nicht jeder biblische Text bezeugt ein geschichtliches Ereignis. Man weiß heute zu unterscheiden zwischen verschiedenen literarischen Formen, die jede ernsthafte Auslegung beachten muß. Von entscheidender Bedeutung ist jedoch die grundsätzliche Überzeugung, daß christlicher Glaube sich nicht auf allzeit gültige philosophische Aussagen oder auf in Mythen und Märchen gekleidete menschliche Einsichten stützt, sondern auf die Offenbarung Gottes in der Geschichte.

2. *Was du zu glauben hast, die Allegorie:* In einem zweiten Schritt, der in der theologischen Tradition mit *allegoria* bezeichnet wird, geht es um die theologische Deutung des geschichtlichen Ereignisses. Es ist das Verdienst de Lubacs, die christliche Bedeutung des so vielfach mißverstandenen Begriffs *Allegorie* wieder herausgestellt zu haben. Unter *Allegorie* versteht die gesamte Tradition der Kirche den theologischen Zugang zur Schrift, der auf dem historischen Fundament aufbaut und das geschichtliche Zeugnis auf die sich darin bekundende Selbstmitteilung Gottes befragt. „Die Allegorie baut den Glauben auf", sagt Gregor der Große und prägt damit eine klassische Formulierung. Damit aber ist für den Christen noch nicht das Ziel der Schriftbegegnung erreicht.

Der moralische Sinn, was du zu tun hast: In der Schrift als ganzer und somit auch in jedem Abschnitt ist auch Lebensweisung enthalten. Die Schrift zielt auf die Verwandlung des Christen in einen liebenden Menschen ab. Der Glaube verwirklicht sich in der Liebe, sagt schon der Apostel Paulus. Seinen Zielpunkt hat die Lehre vom vierfachen Schriftsinn in der Eschatologie.

Wohin du streben sollst, die Anagogie: Anagogie, von griech. *ana* = hinauf und *agein* = führen, ist eine Wortneuschöpfung und bezeichnet die letzte Dimension, in die sich das biblische Zeugnis erstreckt. Das in der Schrift bezeugte Wort Gottes baut nicht nur den Glauben auf und entfacht nicht nur die Liebe des Christen, sondern führt seinen gläubigen Blick immer auch hin zu den verheißenen und erhofften Gütern.

Das vierfache Jerusalem

Zur Veranschaulichung eignet sich das Beispiel „Jerusalem". Es umgreift, wie de Lubac sagt, durch seine Weite irgendwie alle anderen möglichen Beispiele. Die Stadt Jerusalem kann nacheinander in einem vierfachen Sinn verstanden werden: Jerusalem als historische Stadt ist der Schauplatz der Passion Jesu und damit Ort der Heilsgeschichte. Im *allegorischen Sinn* kann Jerusalem als Sinnbild für die in Christus erneuerte Stadt Gottes *(Civitas Dei)* gelten. Im *moralischen Sinn* bezeichnet sie die christliche Seele, in die der Herr Einzug halten will wie seinerzeit in das historische Jerusalem. Und schließlich kennt schon die Apokalypse das Bild vom himmlischen Jerusalem als der Stadt der Vollendung (*anagogischer Sinn*).

Die Lehre vom vierfachen Schriftsinn muß nicht so verstanden werden, daß in jedem Schriftwort oder Schriftabschnitt alle vier Sinndimensionen aufweisbar sind. Entscheidend ist die Grundeinsicht: die Dynamik von der Geschichte zum Glauben, der sich in der Liebe verwirklicht und von der Hoffnung getragen ist. Im Laufe des Spätmittelalters war die Lehre vom vierfachen Schriftsinn zu einem bloßen Schema erstarrt.

Luther hatte sie in einer schon entstellten Form kennengelernt, sie später verworfen, nicht ohne in seiner konkreten Schriftauslegung manchen Prinzipien dennoch treu geblieben zu sein.

Nicht erst eine Lehre des Mittelalters

De Lubacs erster wichtiger Beitrag besteht darin, gezeigt zu haben, daß diese weithin vergessene, vielfach entstellte und schließlich bekämpfte Theorie keine Sonderlehre des Mittelalters ist, sondern daß sie auf die Uranfänge des christlichen Glaubens zurückgeht, ja letztlich im Neuen Testament und seiner Bezugnahme auf das Alte Testament verwurzelt ist. Die zentrale Rolle bei der Klärung spielt das zweite Element in dem Merkvers: Was du glauben sollst, lehrt dich die _Allegorie_. Wie kaum ein anderer theologischer Begriff ist er von Mißverständnissen und Doppeldeutigkeiten überlagert. In der Kunstgeschichte denkt man an „Personifizierungen" („Allegorie des Frühlings"), in der gegenwärtigen Bibelwissenschaft wird mit _Allegorie_ vor allem eine Sonderform des Gleichnisses bezeichnet, in dem es, nicht wie beim Gleichnis, das den Schwerpunkt der Aussage auf einen einzigen Vergleichspunkt legt, auf alle Einzelheiten ankommt. Schon in der Antike, und damit ist das gravierendste Mißverständnis angesprochen, wurde manchen Allegorikern unterstellt, sie würden mit der Methode der _Allegorie_ die Bibel mit den heidnischen Mythen auf eine Stufe stellen, ähnlich wie die hellenistischen Mythendeuter durch übertragende Auslegungen anstößige Stellen weginterpretieren und somit die geschichtliche Basis der Heiligen Schrift leugnen.

Das griechische Wort meint in seiner buchstäblichen Bedeutung „etwas anderes sagen". Als theologischer Fachbegriff wird er etwa zeitgleich in der Mitte des ersten Jahrhunderts von Philo von Alexandrien und vom Apostel Paulus in seinem Brief an die Galater (4,24) eingeführt. Paulus deutet hier die beiden Frauen Abrahams auf die beiden Testamente hin, weil sie allegorisch zu verstehen seien (*hatina estin allegoroumena*). Allegorische Auslegung ist vom Heiligen Geist ermöglichte christologische Auslegung.

Einheit der Schrift

Damit ist das Thema „Einheit der Schrift" angesprochen, die „Verknüpfung von Altem und Neuen Testament", das de Lubac zunehmend als zentral für die Geschichte der Schriftauslegung erkannte und das auch am Ursprung der Lehre vom vierfachen Schriftsinn steht. Altes und Neues Testament sind nicht nur äußerlich verbunden, sondern gehören auf das innigste zusammen. Die verbindende Mitte ist Christus. Auf ihn weist letztlich die Schrift des Alten Bundes hin, ihn bezeugen die Schriften des Neuen Testaments mit den Ausdrucksformen des Alten Bundes, und von ihm her werden alle Texte des Alten Bundes, auch die, die nicht ausdrücklich messianische Weissagungen enthalten, auf Christus und die Kirche hin ausgelegt. Augustinus hat den Grundsatz der Einheit von Altem und Neuem Testament so ausgedrückt: *Das Neue liegt im Alten verborgen, das Alte liegt offen im Neuen (Novum in Vetere latet, Vetus in Novo patet).* Alle großen Themen des christlichen Glaubens sind unmittelbar mit der Heilsgeschichte des Alten Bundes verwoben, so daß man ohne das Alte Testament nicht von Taufe, Eucharistie, Kirche usw. reden kann.

> Vgl. hierzu RUDOLF VODERHOLZER, *Die Einheit der Schrift und ihr geistiger Sinn*, 1998, S. 177–234.

> AUGUSTINUS, *Quaestiones in Heptateuchum* 2, 73; zitiert auch in *Dei verbum* 16.

Allegorie und geistiger Sinn

Mit dem Begriff der Allegorie, der anfangs nicht der einzige und nicht einmal der am meisten im Vordergrund stehende war, verbinden sich andere Begriffspaare wie Buchstabe und Geist, Schatten und Wahrheit, Vorausbild und Erfüllung, *Typus* und *Antitypus*. Im Blick auf Christus erhält der Christ alles Licht, und es fällt der Schleier vom Gesetz, so daß er dessen tiefere Bedeutung erkennen kann. Im Licht des Christusereignisses erweisen sich die Heilstatsachen des Alten Bundes als Vorausbilder und Schatten, die im Neuen Testament, in Christus und seiner Kirche, ihre Erfüllung finden. In den verschiedenen Personen der alttestamentlichen Heilsgeschichte erkennt die Kirche Vorausbilder (*Typen*) Christi (Adam, Jona, David usw.), wie in den von Gott zur Rettung gesandten Frauengestalten die Mitwirkung Mariens an der Erlösung geheimnishaft vorweg dargestellt ist. Im Neuen Testament werden vor allem die Psalmen auf Christus hingedeutet, entweder als „Gebet Christi selbst" (Ps 22: Mein Gott, mein Gott, warum hast du mich verlassen) gehört, als „Gebet zu Christus" (Ps 30,6: Herr Jesus, nimm meinen Geist auf) oder schließlich als „prophetisches Wort über Christus" verstanden (Ps 119: Der Stein, den die Bauleute verwarfen, ist zum Eckstein geworden).

Entscheidend ist, daß sich diese christologische Bedeutung der Schriften des Alten Bundes nicht einfach einer nur rationalen Betrachtung erschließt. Zwar zeichnet sich in der Verkündigung der Propheten sehr wohl auch die Verheißung eines künftigen Heilsbringers ab, mehr noch: das geschichtsmächtige Handeln *Jahwes* in seinem *Wort* und seinem *Geist* läßt ihn als in sich lebendigen, auf eine Selbstmitteilung hin ausgerichteten *dreifaltigen* Gott verstehen.

Aber erst angesichts der tatsächlichen Menschwerdung des göttlichen Logos, im Licht von Tod und Auferstehung Jesu, und in der Kraft des Heiligen Geistes, verwandelt sich das gesamte Alte Testament in ein Christuszeugnis, kann die Kirche in einer Freiheit ohne gleichen und in einer Methodenvielfalt, die sich nicht auf „Allegorie", „Typologie", „Midrasch" u.ä. mehr eingrenzen läßt, die Schriften Israels auf Christus beziehen. Man sprach und spricht daher in der Theologie zuerst und auch am präzisesten vom „geistigen Sinn" der Schrift.

Die Grundbewegung, die am Ursprung der Lehre vom vierfachen Schriftsinn steht, ist also die Bewegung vom Buchstaben des Alten Testaments hin zu seinem Geist, d.h. seiner Beziehung auf Christus hin.

War die allegorische Auslegung anfangs nur Auslegung des Alten Testaments (anfangs gab es ja nur dieses), kann später auch von einer allegorischen Auslegung des Neuen Testaments gesprochen werden. Damit ist nicht das Neue Testament auf die Ebene des Alten zurückgestuft, sondern, wie de Lubac darlegt, der Glaubenstatsache Rechnung getragen, daß die Schrift auch des Neuen Testamentes nicht einfach unmittelbar Gottes Wort, sondern in Menschenwort bezeugtes Wort Gottes ist, insofern das eine WORT, das der Sohn ist, die Sinnmitte allen neutestamentlichen Zeugnisses darstellt.

Origenes als Systematisierer

In seinem (am ehesten von der griechischen Philosophie beeinflußten systematischen Frühwerk) *Peri Archon* hatte Origenes die Lehre von einem dreifachen Schriftsinn formuliert: in Analogie zur Dreiteilung des Menschen in Körper, Psyche und Geist habe auch die Heilige Schrift einen leiblichen, einen psychischen und einen geistigen Sinn, zu dem in einer Aufstiegsbewegung vorangeschritten werden müsse. De Lubac konnte nachweisen, daß Origenes sich aber in seinen Kommentaren und Predigten meist nicht an sein eigenes Schema hält, sondern daß er sich ganz an Paulus und den anderen neutestamentlichen Autoren orientiert, die das Alte Testament im Licht Jesu Christi deuten und das Alte Testament als Zeugnis der geschichtlichen Offenbarung ernst nehmen, es auf seine Tiefendimension als Christuszeugnis hin befragen und daraus Nahrung schöpfen für das geistliche Leben. Damit ist ein zweites, mit dem ersten konkurrierendes Dreierschema gegeben: Buchstabe, Geist, Moral (= Geschichte, Glaube, Handeln). Diese Struktur entspricht denn auch dem wahren Glaubensvollzug, und nicht so sehr die platonische Aufstiegsmystik, die immer in der Gefahr stand, das Leiblich-Irdische geringzu-

Vgl. HENRI DE LUBAC, *Geist aus der Geschichte*, 1968, S. 169–181.

schätzen. Legt man die beiden bei Origenes nebeneinander herlaufenden Schemata übereinander, dann ergibt sich die Lehre vom vierfachen Schriftsinn, als deren Begründer de Lubac Origenes ausgemacht hat.

Eine synthetische Theorie

De Lubacs Studien zur Schriftauslegung gewinnen ihre ganze Tragweite vor dem Hintergrund einer sachgemäßen Einordnung der sog. *historisch-kritischen Exegese*. Die Anfänge dieser Art von Zugang zu den Quellen des christlichen Glaubens liegen im 17. Jahrhundert. Sie waren allerdings weniger von der Zielsetzung bestimmt, die Glaubwürdigkeit der geschichtlichen Offenbarung zu erweisen, sondern im Gegenteil deren Relativität aufzudecken: Die historisch-kritische Erforschung steht vielmehr unter dem Vorzeichen einer *deistischen Verneinung* der Möglichkeit einer geschichtlichen Offenbarung Gottes und sind von dem Interesse geleitet, das durch Berufung auf göttliche Offenbarung gestützte, von der Kirche garantierte Normensystem durch eine allein auf Vernunftgründe gestützte Moral und Gotteslehre zu ersetzen.

Während die *historisch-kritische Exegese* in der protestantischen Theologie des 19. Jahrhunderts einen Siegeszug erlebte, schottete sich das katholische Lehramt im sicheren Gespür für die Mängel, ja kirchenzerstörenden Tendenzen dieser neuen Wissenschaft ab. Dies führte umgekehrt zu einer verengten Sichtweise, die der legitimen historischen Erforschung der Schrift ihren Platz in der Theologie lange nicht einräumte. Die ersten Bibelenzykliken sowie auch die Responsa der 1907 errichteten römischen Bibelkommission waren weitgehend nur defensiv und wurden von den katholischen Exegeten als Behinderung ihrer Arbeit und als illegitime Beeinträchtigung der wissenschaftlichen Freiheit kritisiert.

Die historische Bibelwissenschaft hat sich von dieser ihrer Hypothek erst langsam befreien können. Noch immer ist das Verhältnis zwischen Dogmatik und Exegese nicht spannungsfrei. Aber die theologische Arbeit dieses Jahrhunderts hat vieles zur gegenseitigen Verständigung und zu einer fruchtbareren Zusammenarbeit von Exegese und systematischer Theologie beigetragen. Nach wie vor ist eine synthetische Theorie für das Zu- und Miteinander von historischer Erforschung der Heiligen Schrift, ihrer theologischen Durchdringung sowie einer geistlich-existentiellen Aneignung ein Erfordernis erster Ordnung. Dies um so mehr, als sich in Abwehr einer rationalistischen Bibelexegese andere Zugänge zur Schrift anbieten, wie etwa ein tiefenpsychologischer Zugang, demgegenüber das kirchliche Lehramt das Recht der historischen Forschung verteidigen muß, da es sich beim biblischen Zeugnis eben nicht um mythologische Einkleidung überzeitlicher, in der Psyche des Menschen verborgener Weisheiten handelt, sondern um das Zeugnis geschichtlicher Ereignisse.

Die Lehre vom vierfachen Schriftsinn ist zwar nach de Lubac nicht in ihrer klassischen Form wiederzubeleben, aber in ihrer Grundintuition birgt sie den Lösungsansatz für das oben skizzierte Problem.

Von der Kirche aufgegriffen

Auch wenn das Konzil die Lehre vom vierfachen Schriftsinn nicht ausdrücklich erwähnt und auch den Begriff Allegorie vermeidet, steht sie doch in Art. 12 von *Dei Verbum* im Hintergrund, wo eine Synthese gefordert wird von historischem Zugang zur Schrift und der traditionellen Auslegung.

Vom Katechismus der Katholischen Kirche aufgegriffen, wird diese Lehre gegenwärtig auch von protestantischen Theologen wieder entdeckt. Die Wahrheit, die sich in ihr verberge, müsse unbedingt bedacht werden, sagt der Neutestamentler Hans Hübner, und der systematische Theologe Wilfried Härle spricht von „Wahrheitsmomenten der Lehre vom vierfachen Schriftsinn".

HANS HÜBNER, *Biblische Theologie als Hermeneutik,* 1995, S. 286.

WILFRIED HÄRLE, *Dogmatik,* 1995, S. 130.

Hoffnung statt Utopie

Mit zwei Gestalten aus der Theologiegeschichte hat de Lubac sich besonders intensiv beschäftigt: Origenes und Joachim von Fiore. Den ersten hat er außerordentlich verehrt und durch seine Veröffentlichungen weitgehend rehabilitiert. Sein Verhältnis zu Joachim von Fiore dagegen ist äußerst zwiespältig.

Joachim und das dritte Reich des Geistes

„Gott, der du auf dem Berge Tabor den drei Aposteln deine Herrlichkeit geoffenbart hast. Du hast am selben Ort dem seligen Joachim die Wahrheit der Schriften erschlossen." So lautet die Oration am Gedenktag des sel. Joachim von Fiore (29. Mai). Das Gebet bezieht sich auf ein Ereignis in seinem Leben und nennt zugleich den Hauptgedanken seiner Lehre: Joachim, der sich in erster Linie als Erklärer der Heiligen Schriften verstand, entwickelte seine Theorie aus einer bestimmten Sicht der Einheit von Altem und Neuem Testament. Wer war Joachim von Fiore? Worin bestand seine Originalität? Worin besteht nach de Lubac seine heutige Aktualität?

Wenn man die Lebensbeschreibungen von ihren legendarischen Übermalungen befreit, ergibt sich etwa folgendes Bild: Joachim wurde ca. 1135 in Kalabrien geboren. Sein Vater war Verwaltungsbeamter im Dienst der normannischen Herrscher Siziliens. Nach einer mehrjährigen Tätigkeit in einer Kanzlei in Palermo – der Vater möchte ihn zur Übernahme einer Position als Notar am normannischen Königshof vorbereiten – brach Joachim zu einer Reise in den Orient auf, die die große Wende in seinem Leben mit sich bringen wird. Im Heiligen Land besuchte er orientalische Klöster am Toten Meer und Jerusalem. Vor allem aber erlebte er auf dem Berge Tabor, nach der Tradition dem Berg der Verklärung (vgl. Mk 9,2 ff.), eine Offenbarung über die Bedeutung der Schrift, näherhin über die Entsprechung von Altem und Neuem Testament. Nach diesen Erlebnissen wandte er sich von der weltlichen Laufbahn ab und entschied sich für die Lebensform als Mönch. In seine Heimat zurückgekehrt, trat er in die Zisterzienserabtei Sambucina bei Luzzi ein. Nach einer Wanderschaft durch mehrere Zisterzienserabteien gründete er schließlich in der Einsamkeit des Sillagebirges in Kalabrien sein eigenes Kloster San Giovanni di Fiore, um sich in noch größerer Strenge ganz dem kontemplativen Leben widmen zu können. Der von ihm gegründete Orden breitete sich durch Tochtergründungen aus, wurde von Papst Clemens III. bestätigt, starb allerdings im 15. Jahrhundert wieder aus, wodurch die Klöster an den Zisterzienserorden zurückfielen. Im Jahre 1202 starb der Theologe, Ordensgründer und -reformer, hochangesehen nicht nur bei kirchlichen Würdenträgern, sondern auch von den weltlichen Herrschern hoch geschätzt. Auf dem Laterankonzil 1215 wurde ein Satz Joachims verurteilt, in dem er gegen die Trinitätslehre des Petrus Lombardus polemisierte, indem er ihm vorhielt, so vom Wesen Gottes zu reden, als sei dieses gleichsam ein Viertes, eine vierte Person. Joachim hat ein drittes Reich, ein Reich des Heiligen Geistes angekündigt. Seinen Berechnungen zufolge sollte es um das Jahr 1260 anbrechen und verbunden sein mit der Ablösung der sakramentalen Kirchenordnung durch eine charismatische Ordnung unter Führung der Mönche, verbunden auch mit der Offenbarung des „ewigen Evangeliums", die er in der Apokalypse des Johannes (14,6) angekündigt sah. Extreme Gruppierungen im Zusammenhang mit den im 13. Jahrhundert auftretenden Bettelorden haben sich als die Erfüllung der Prophetien Joachims verstanden und zu erheblicher Unruhe und Spaltungstendenzen in der Kirche geführt.

De Lubac hat die besondere Eigenart der Schriftauslegung Joachims von Fiore als Grundlage seiner so weitreichenden Theorien herausgearbeitet und deren verschlungene Wirkungsgeschichte bis in unsere Tage herein nachgezeichnet.

> **Kontemplation**: von lat. *contemplari* = betrachten, sich versenken; die Tradition des geistlichen Lebens kennt den Dreischritt von *lectio* (Lesung), *meditatio* (Studium), *contemplatio* (Betrachtung, Versenkung). Die Mitglieder der **kontemplativen Orden** widmen, im Unterschied zu den sozial-caritativ tätigen, ihr Leben ganz dem Gebet.

Der marxistische Philosoph Ernst Bloch war der Meinung, in Joachim finde die typologische und allegorische Schriftauslegung der Kirchenväter ihre letzte Zuspitzung und Vollendung, Joachim von Fiore sei gewissermaßen der Testamentsvollstrecker des Origenes. Bei oberflächlicher Betrachtung könnte man fast geneigt sein, dem zuzustimmen. Denn Joachim verwendet tatsächlich alle die bekannten Begriffe wie Allegoria, typischer Sinn, geistige Auslegung, geistiges Verständnis der Schrift usw. Und doch verwandelt er unter der Hand die damit ausgesagte Theologie der Heiligen Schrift in etwas vollkommen anderes.

Um die Differenz zwischen seiner Sichtweise und der Theologie der Väter deutlich zu machen, muß die wahre Bedeutung der Schriftauslegung der Kirchenväter und ihre Lehre von der Einheit der Schrift kurz in Erinnerung gerufen werden, wie sie im vorausgehenden Kapitel dargestellt wurde.

Vgl. HENRI DE LUBAC, *Exégèse médiévale,* 1959–1964, und *La postérité spirituelle de Joachim de Flore,* 1979/1981.

Seit Paulus meint *allegorische Auslegung* der Schrift nicht etwa willkürliches Heraus- oder besser Hineinlesen von Bedeutungsgehalten, die im Text gar nicht enthalten sind, sondern es meint das christologische Verständnis des Alten Testaments. In der konkreten Durchführung besteht die allegorische Methode oft darin, im Alten Testament bestimmte Vorausbilder (*Typoi*) Christi und der Kirche zu erkennen und sie miteinander in Beziehung zu setzen: Joseph in Ägypten, Simson, Jona usw. sind Vorausbilder Christi. Insofern sind die Typologie und die Allegorese keine Gegensätze. In Christus ist der Buchstabe des Gesetzes in den Geist des Evangeliums verwandelt. Gesetz und Propheten sprechen von Christus. Die Kirchenväter haben deshalb besonders gerne in der Verklärungsperikope die von Christus vermittelte Einheit der Schrift symbolisiert gesehen. Auf dem Berg der Verklärung erscheint der verherrlichte Christus zwischen Elija und Mose vor den drei ausgewählten Aposteln Petrus, Jakobus und Johannes. Origenes erläutert: Ist einmal der Gottessohn in seiner Verklärung gesehen und betrachtet worden, so daß sein Gesicht wie die Sonne und seine Kleider wie das Licht erscheinen, dann erscheint dem, der Jesus in diesem Zustand erblickt, sogleich auch Mose, das heißt das Gesetz, und ihn begleitend erscheint auch Elias, und nicht er allein, sondern alle Propheten erscheinen desgleichen, mit Jesus im Gespräch. (...) Und am Schluß sahen sie nur noch Jesus, d.h. Gesetz und Propheten sind aufgegangen in Jesus, er ist die Mitte der Schrift und Inbegriff der Offenbarung.

Nun wurde auch Joachim auf dem Berg der Verklärung durch eine Vision das Verständnis der Schriften erschlossen, worauf die Oration anspielt. In seinem Hauptwerk *Liber concordiae novi ac veteris testamenti* (Buch über die Entsprechung von Altem und Neuem Testament) entfaltet Joachim seine Theorie: Jeder Epoche des Alten Bundes entspricht eine Epoche des Neuen Bundes, der Zeit der Kirchengeschichte. In Fortführung der Lehre von den sieben Weltaltern, die er mit den sieben Siegeln des Buches aus der Apokalypse in Verbindung bringt, unterscheidet Joachim sieben Zeitalter im Alten und sieben Zeitalter im Neuen Bund. In seiner Deutung der Einheit der Schrift geht es nicht mehr darum, daß Altes und Neues Testament in je unterschiedlicher Weise von ein und demselben Christus sprechen, sondern Altes Testament und Neues Testament werden je in einem buchstäblichen Sinne zur Deutung der Kirchengeschichte und zur Vorhersage zukünftiger Ereignisse verwendet. Dabei steht die volle Offenbarung noch aus. Sie wird erst das „ewige Evangelium" bringen, das ein wahrhaft geistiges Verständnis ermöglichen wird. In Umwandlung der augustinischen Dreiteilung in die Zeit *ante legem* (die Zeit vor der Gesetzgebung), *sub lege* (die Zeit unter dem Gesetz) und *sub gratia* (Zeit der Gnade) spricht Joachim auch von drei Zeiten oder Reichen: *sub lege, sub gratia* und *sub ampliori gratia* (unter der Gnade in größerer Fülle), wobei die Zeit *sub lege* die Zeit des Alten Bundes (Reich des Vaters), die Zeit *sub gratia* die Zeit der Kirche (Reich des Sohnes) und das dritte noch ausstehende Reich das des Heiligen Geistes ist. Mit de Lubac gilt es drei Punkte festzuhalten: 1. Joachim bricht radikal mit der traditionellen Auffassung von der Einheit der Schrift. Sie ist nicht mehr geeint auf die eine Mitte Christus hin, sondern besteht in der äußeren Entsprechung von Geschichtsabläufen. Das geistige Verständnis der Schrift ist nicht mehr jenes, das der von Christus gesandte Geist der Kirche ermöglicht, sondern wird erst vom künftigen Stadium der Zeit des Heiligen Geistes erwartet. Dies ist nicht ein Zuendeführen der Prinzipien des Origenes, sondern die vollständige Abkehr davon. 2. Das Christusereignis und seine Sendung des Geistes verliert die zentrale Bedeutung in der Heilsgeschichte. Christus wird zu einem Moment der Geschichte reduziert neben Abraham, Mose, Elija, Johannes dem Täufer, dem hl. Benedikt und Karl dem Großen. Die Zeit Christi und seiner Kirche ist prinzipiell innerweltlich überholbar und wird abgelöst werden durch die Zeit des Geistes. 3. Indem die Geschichte so ihre Mitte verliert, wird sie zugleich unter das Prinzip des Fortschritts gestellt. Die Offenbarung des Geistes und sein ewiges Evangelium werden mit Sicherheit kommen. Der Anbruch dieses dritten Reiches wird nicht mit einer Revolution verbunden sein, und es muß auch nicht durch menschliche Anstrengung herbeigeführt werden. Es braucht nur ruhig erwartet zu werden und wird eine viel tiefere Umwandlung des geistigen Menschen bringen als jede äußere Umgestaltung es je bewirken könnte. Geschichte ist nicht mehr das Heilsdrama zwischen Christus, dem Lamm, das geschlachtet ist, und aller, die zu ihm gehören auf der einen und der Macht des Bösen auf der anderen Seite, sondern kontinuierlich fortschreitender Verlauf auf ein Reich des Geistes hin. Damit hat Joachim, und dies ist de Lubacs gravierendster Einwand, zumindest die Weichen gestellt zur Umwandlung der eschatologischen Hoffnung in eine innerweltliche Utopie.

Mit seinen Theorien hat Joachim von Fiore eine doppelte Wirkungsgeschichte begründet. Zum einen wurde seine Exegese als solche nachgeahmt und fortgeführt, das heißt Schriftauslegung als Versuch, die Geschichte zu deuten und vorherzusagen. Zum anderen wirkte seine Geschichtstheorie

---

„Fortschritt" im Singular ist keine christliche Kategorie. Es gibt immer nur einzelne Fortschritte in bezug auf bestimmte Bereiche, die von Rückschritten in anderen begleitet sein können. Die Ideologisierung des Fortschritts steht im Widerspruch zum Glauben an Christus, die Mitte der Geschichte und Fülle der Zeit.

selbst in unterschiedlichsten Formen nach und brachte viele Spielarten innerweltlicher Erwartungen des Heils hervor. Gotthold Ephraim Lessing etwa schreibt in der *Erziehung des Menschengeschlechtes*: „Sie wird kommen, sie wird gewiß kommen, die Zeit der Vollendung, sie wird gewiß kommen, die Zeit eines neuen Ewigen Evangeliums, die uns selbst in den Elementarbüchern des Neuen Bundes versprochen wird." Verhängnisvoll wirkte sich die Utopie im Marxismus-Leninismus aus, in den das joachimitische Geschichtsdenken nach vielen Metamorphosen und über die Vermittlung der Hegelschen Philosophie eingegangen ist. Die Mönche als tragende Gruppe sind hier ersetzt durch die kommunistische Partei als Vertretung der Arbeiterklasse. Da sie den mit Notwendigkeit ablaufenden Geschichtsprozeß kennt, der zum Heil führt, darf sie nun auch zu allen Mitteln greifen, um diejenigen zu eliminieren, die diesem Prozeß im Wege stehen.

Die Nachwirkungen lassen sich nach de Lubac auch in der Kirche der Gegenwart beobachten, wo nicht selten Träume von einer anderen Kirche geträumt und in kirchenpolitische Forderungen umgesetzt werden, die die sakramentale Struktur der Kirche in Frage stellen: „Unter den verschiedenen Formen, in die sich der Joachimismus gekleidet hat, halte ich ihn auch heute für eine bedrängende Gefahr. Ich erkenne ihn im Säkularisierungsprozeß, der, das Evangelium verratend, die Suche nach dem Gottesreich in soziale Utopien verwandelt. Ich sehe ihn am Werk in dem, was zurecht als ‚Selbstzerstörung der Kirche' bezeichnet worden ist. Ich glaube, er kann das Elend nur verschlimmern und zur Erniedrigung der Menschheit führen" (Rückblick, S. 516 f.).

So sehr die Kirche allezeit eine Kirche der Sünder und Heiligen zugleich ist, bleibt doch immer wahr: Christus und sein Heiliger Geist sind nicht voneinander zu trennen. Seit Jesus verherrlicht wurde, ist der Kirche sein Geist geschenkt. In diesem Geist erkennt die Kirche die Heilsbedeutsamkeit seines Lebens, seines Todes und seiner Auferstehung. In diesem Geist erkennt die Kirche die Wahrheit und den tieferen, geistigen Sinn der Schriften. In diesem Geist, der in unsere Herzen eingegossen ist, heiligt Christus die Kirche in den Sakramenten. Der Geist ist die Seele der Kirche, die zugleich Volk Gottes, Leib Christi und Tempel des Heiligen Geistes ist. De Lubac: „Gegen das Blendwerk aller Zukunftsträume ist auf jeden Fall nüchtern festzustellen: Die Zeiten der Zukunftsverkündigung liegen für uns Christen hinter uns. Wir halten heute die endgültige Wirklichkeit in den Zeichen, und solange diese Weltzeit dauert, kann dieser Zustand nicht wesentlich überschritten werden. Im Maße, als wir dies verkennen, fallen wir aus der christlichen Hoffnung in die Mythologie zurück" (Die Kirche, S. 185). Und das Ewige Evangelium ist kein anderes Evangelium als das Evangelium Christi, dessen innerer Gehalt sich uns vollkommen erschließen wird, wenn wir Gott werden schauen dürfen von Angesicht zu Angesicht.

Origenes und die „letzten Dinge"

Für viele verbindet sich bis auf den heutigen Tag mit dem Namen Origenes nur die Lehre von der *Apokatastasis*, d.h. die Wiederherstellung aller Dinge und eine endzeitliche Bekehrung und Rettung aller. De Lubac unternimmt es erstmals, Zweifel anzumelden, ob dies wirklich die Lehre des Origenes war. Die umstrittenen Aussagen über eine vermeintliche Rettung aller stehen in dem systematischen Frühwerk *Peri Archon*, I 6: Christus werde die ganze Schöpfung zum Vater zurückführen. Ferner wird als Frage an den Leser formuliert, „ob nicht vielleicht auch die Teufel in den kommenden Äonen aufgrund ihres freien Willens sich bekehren könnten, oder ob ihre aus langer Gewohnheit eingefleischte, gleichsam naturhaft gewordene Bosheit dies verhindert. Dir, Leser, steht es zu, darüber zu urteilen." Wenn auch Origenes selbst diese Frage vielleicht gerne mit ja beantworten würde, so enthält er sich doch einer Aussage darüber, ob wirklich alle gerettet werden oder nicht. De Lubac macht darauf aufmerksam, daß Origenes dort, wo sich ihm eine Gelegenheit geboten hätte, seine Theorie anzuwenden, nämlich im Zusammenhang mit dem Endschicksal des Judas, über eine mögliche Rettung oder die Verdammung des zum Verräter gewordenen Apostels schweigt. An der Möglichkeit, daß die Freiheit eines Geschöpfes sich letztgültig verfehlt, hält Origenes also offenbar fest. Dies zeigt sich vor allem in den Bemühungen des Origenes, in angemessener Weise über die sogenannten „letzten Dinge" (*eschata*) zu sprechen. De Lubac zeigt in seinen Analysen, wie feinfühlig und behutsam Origenes die Unangemessenheit der Sprache und der menschlich-irdischen Vorstellungen reflektiert, die endzeitliche Begegnung mit Gott als Gericht, Seligkeit oder Hölle zum Ausdruck zu bringen. Origenes leitet eine dreifache Sorge, wenn er die Schrifttexte kommentiert, in denen von Drohungen gegen die Sünder, von zukünftigen Strafen oder von Belohnung die Rede ist. Da ist einmal der Spott des heidnischen Philosophen Celsus über die Christen, weil sie sich Gott wie einen jenseitigen Folterknecht vorstellen. Innerhalb der Kirche muß Origenes sich auseinandersetzen mit einer Art von Schriftauslegung, die jeden Text wörtlich auffaßte. Schließlich bemüht er sich, „seine Hörer über die Wege göttlicher Erziehungskunst belehrend, in ihnen eine heilsame Unruhe zu wecken und zu hegen, ohne andererseits darauf zu verzichten, ihre Herzen über eine knechtische Furcht zu erheben" (Du hast mich betrogen, S. 87). Origenes will die Vorstellungen über die letzten Dinge läutern und zeigen: Die den Gerechten verheißenen ewigen Güter bestehen nicht in ewig gewährten irdischen Genüssen, sondern in der Gemeinschaft mit Gott. Umgekehrt ist die Verdammnis nicht Gequältwerden in einer jenseitigen Folterkammer, sondern, was viel schrecklicher ist, die Abwesenheit Gottes.

HENRI DE LUBAC, *„Tu m'as trompé, Seigneur"* (1979); dt. „Du hast mich betrogen, Herr!", 1984 (Kurztitel = **Du hast mich betrogen**).

Entscheidend ist in diesem Zusammenhang die tiefste Bedeutung der Feuermetapher. Origenes schärft ein: „Das Feuer, um das es geht, ist kein Küchenfeuer, und Gott ist kein Folterer. Diese doppelte gröbliche Vorstellung ist eine Beleidigung für Gott" (Du hast mich betrogen, S. 91f.). Unter Verweis auf 1 Kor 3,12, Hebr 10,28f. und dann auch 1 Kor 2,9 legt Origenes den letztlich strikt personalen Sinn aller biblischen Rede von „Feuer" dar: „In Wirklichkeit gibt es nur ein einziges Feuer. Hat der Herr nicht gesagt: ‚Wer mir naht, der naht dem Feuer'? Die göttliche Schrift bestätigt es: ‚Unser Gott ist ein verzehrendes Feuer'; er schreitet voran wie das Feuer des Schmelzers'; er selber läßt unser ganzes Sein durch den Schmelztiegel gehen, um alles Unlautere auszubrennen oder um Gold, Silber und Edelsteine heller erglänzen zu lassen. Das gleiche Feuer der Gottheit erzeugt in uns entgegengesetzte Wirkungen, entsprechend dem Zustand unserer Seele. Selig, die es als sanft und mild empfinden. Gott ist zugleich, sich selber gleichbleibend, Feuer des Zorns und Feuer der Liebe" (Du hast mich betrogen, S. 93f.).

Für Origenes besteht kein Zweifel: es gibt den göttlichen Zorn, doch ist er anders als der menschliche Zorn. Er ist Gottes Heiligkeit, die sich dem Gott verweigernden Sünder als Zorn erweist. In allen „Drohungen" Gottes ist die Stimme seines Erbarmens und die Liebe zum Geschöpf mitzuhören, die um die Gegenliebe ringt. Nach den Drohungen wie nach den Verheißungen aber kommt die Stunde des Schweigens, „des Schweigens, das wunderbarer ist als die herrlichsten Verheißungen, schrecklicher als die fürchtenswertesten Drohungen" (S. 96). Was kein Auge gesehen und kein Ohr gehört hat, was noch in keines Menschen Sinn aufgestiegen ist: es bezieht sich sowohl auf das Große, das Gott denen bereitet, die ihn lieben, wie auch auf das, was der sich bereitet, der sich Gott verschließt. „Was viel mehr, was einzig zu fürchten ist, als das Übel schlechthin, ist Gottes Vergessen" (S. 97).

De Lubac konnte also zeigen, daß schon bei Origenes durchgeführt ist, was in der Gegenwartstheologie als Grundsatz einer Lehre vom Verstehen eschatologischer Aussagen gilt: „Gott ist das ‚Letzte Ding' des Geschöpfs. Er ist als Gewonnener Himmel, als Verlorener Hölle, als Prüfender Gericht, als Reinigender Fegfeuer" (Hans Urs von Balthasar).

<small>Hans Urs von Balthasar, *Verbum Caro*, 1960, S. 282.</small>

Mystik

Die inspirierende Mitte der Theologie de Lubacs ist sein nie geschriebenes Buch über die christliche Mystik. Die Rede von der Mystik zieht sich wie ein roter Faden durch alle seine Schriften. De Lubac hat ein mystisches Verständnis des Christentums.

Mystik ist ein schillernder Begriff. Viele Zeitgenossen verbinden damit außergewöhnliche Schauungen, besondere Begnadungen, Erfahrungen der Einheit mit Gott, vielleicht auch, in Form der negativen Theologie, die Erfahrungen der radikalen Andersheit Gottes und das Erleiden seiner Abwesenheit in der „dunklen Nacht der Seele" (Johannes vom Kreuz).

De Lubac weiß auch um die besonderen Formen der Gotteserfahrung, und er zitiert immer wieder entsprechende Zeugnisse. Doch scheint es ihm mehr darauf anzukommen, Mystik verständlich zu machen als eine grundsätzlich für alle getauften und gefirmten Christen mögliche und sogar notwendige Form der personalen Annahme und Verinnerlichung des Glaubens als einer Beziehung zu Gott dem Vater, vermittelt durch Christus und getragen im Heiligen Geist. Wenn ihm auch eine systematische Darstellung der christlichen Mystik nicht gelingen wollte, so haben wir von de Lubac doch so etwas wie ein Skizze dazu.

Ausgangspunkt für die Überlegungen de Lubacs ist die Rede von Mystik auch in den anderen Weltreligionen und die Ansicht, das „Mystische" sei das alle Religionen verbindende Moment.

De Lubac zitiert einen gewissen René Daumal: „Ich las gerade nebeneinander Texte über Bhakti, Zitate chassidischer Autoren und einen Abschnitt von Franz von Assisi. Dem füge ich einige Worte Buddhas hinzu und stelle wieder einmal beeindruckt fest, daß dies alles dasselbe ist" (Mystik, S. 85).

Dem steht gegenüber eine Sichtweise, die sagt: „Außerhalb der Kirche keine Mystik". Mystik sei immer gebunden an das

HENRI DE LUBAC, *Christliche Mystik in Begegnung mit den Weltreligionen*, in: J. Sudbrack (Hg.), *Das Mysterium und die Mystik. Beiträge zu einer Theologie der christlichen Gotteserfahrung*, 1974, S. 77–110. (Kurztitel = **Mystik**).

kirchliche Leben, genährt von der Betrachtung der Heiligen Schrift und den Sakramenten.
Über beide genannte Thesen muß man nach de Lubac hinausgehen. De Lubac weiß um Vielfalt und Reichtum der religiösen Erfahrung der Menschheit: „Je mehr man die Geschichte der Spiritualität betrachtet, desto mehr erscheint die Mystik als eine ihrem Wesen nach universale Angelegenheit. Sie entfaltet sich auch außerhalb der positiven Religionen" (Mystik, S. 81). De Lubac wirft die Frage auf, ob nicht gar von einer atheistischen Mystik die Rede sein könne, wenn etwa Nietzsche von sich sagt: „Ich bin Mystiker und glaube an nichts!" Mystik ist faszinierend, und Mystik ist nicht auf den Raum der Kirche beschränkt. Die Kirche selbst räume ein, so de Lubac, daß Menschen auch außerhalb der sichtbaren Kirche von Gott begnadet sein und zu mystischen Erfahrungen hingeführt werden können. Ist sie auch nach christlichem Verständnis normalerweise an das Leben aus dem Glauben und die Sakramente gebunden, so kann man doch nicht sagen, außerhalb der Kirche gebe es überhaupt keine Mystik. Doch andererseits gibt de Lubac zu bedenken: Wo die Gleichheit aller mystischen Erfahrungen behauptet wird, zeugt dies von oberflächlicher Analyse der Texte, die aus ihrem spirituellen Zusammenhang herausgerissen sind, und von einer Mißachtung der wirklichen Unterschiede der einzelnen Religionen (Mystik, S. 86).
De Lubacs Antwort steht im Zusammenhang mit seiner Auffassung von der menschlichen Natur als grenzenloser Offenheit auf Gott hin: „Mystisches Streben ist der menschlichen Natur eingeboren, denn der Mensch ist auf diese Vereinigung hin angelegt. Mit anderen Worten: Der Mensch ist fähig, das Mysterium in sich aufzunehmen."
Dieses mit der Natur des Menschen gegebene, noch einmal von Gott stammende Streben nach Gott findet in den Religionen der Menschheit seine unterschiedlichsten Ausprägungen. Diese „mystische Veranlagung" kann verkümmern, sie kann sich selbst mißverstehen, sie kann umschlagen in Protest und Feindseligkeit. Nie aber kann sie ganz geleugnet werden. Die

entscheidende Frage ist, ob ein personales Gegenüber in der mystischen Erfahrung vorausgesetzt ist oder nicht: „Die eigentliche Täuschung – und in ihrem Gefolge Abirrungen und Verfälschungen – entsteht, wenn man in dieser an sich neutralen Fähigkeit allein schon sein Gegenüber zu finden meint oder zu finden hofft – oder doch wenigstens das, was man als Erfüllung ansieht; doch aus sich besitzt sie keine Triebkraft und ist nur leere Offenheit. Richtig zu verstehen ist diese Offenheit nur in ihrer Beziehung zum Mysterium" (Mystik, S. 89).

Die christliche Botschaft offenbart dem Menschen im Gottmenschen Jesus Christus die letzte Wahrheit über sich selbst und erhebt damit die mystische Veranlagung der Menschennatur, reinigt sie und bringt sie zu ihrer wahren Erfüllung. Die größte Gefahr der vor- und außerchristlichen Mystik ist es, ihr eigenes Suchen schon als die Erfüllung zu interpretieren und sich selbst ein Gegenüber vorzustellen. Sich selbst überlassen ist diese natürliche Mystik aber letztlich steril. Die Erfüllung muß von einem wirklichen Gegenüber herkommen. Jede echte Mystik ist im letzten nicht aktiv, sondern passiv, hat etwas zu tun mit „Erleiden", mit Erfahrung eines personalen „Mit" und eines personalen „Gegenüber". Umgekehrt gilt: „Wenn sich der menschliche Geist im Besitz der Fülle glaubt, ist seine Leere nicht mehr zu heilen" (Auguste Valensin, nach de Lubac, Mystik, S. 89). Wo „Mystik" kein Gegenüber anerkennt, „wird sie in irgendeiner Form zur mystischen Schau und Erfahrung, die in sich selber ruht, ohne Mysterium, in sich zufrieden – unserer Meinung nach die konsequenteste Form des Atheismus" (Mystik, S. 90).

Wesentlich für de Lubacs Verständnis von Mystik ist die Beziehung zwischen Mystik und Mysterium: „Die christliche Mystik entzieht sich nicht dem Glauben, sie liegt vielmehr in der Logik des Lebens aus dem Glauben" (Mystik, S. 90). Kann es auch außerhalb der Grenzen der sichtbaren Kirche relativ gelungene Formen von Mystik geben, so gilt aus der Sicht des einmal empfangenen Glaubens: „Außerhalb des Mysteriums, wie es im Glauben empfangen wird, hört alle Mystik

auf, oder sie entartet" (S. 91). Nochmals anders ausgedrückt: „Die Mystik verinnerlicht das Mysterium; sie verdankt ihm ihr Leben und erhält es ihrerseits lebendig" (Mystik, S. 91).
Das Mysterium aber ist keine Sachwahrheit, sondern eine Person: Jesus Christus. Und wie alle Mysterien des christlichen Glaubens in Zusammenhang stehen mit der Selbstmitteilung Gottes in Jesus Christus und von dort her ihre Einheit und ihren inneren Zusammenhang erhalten, so kann man sagen, daß auch alle christliche Mystik, die vom Mysterium her zu verstehen ist, in Christus enthalten ist. Divo Barsotti zitierend sagt de Lubac: „Das Mysterium – das ist Christus in euch (Kol 1,27). Weil es Offenbarung der Liebe Gottes ist, macht es die ganze Theologie aus. Weil es Handeln Gottes ist, der sich erniedrigt und Mensch wird, begründet es den christlichen Kult, ist es Geheimnis des Glaubens. Weil es Handeln des Menschen ist, der sich müht, dem Willen Gottes gemäß zu leben, liegt in ihm die ganze Mystik beschlossen. Die Offenbarung in ihrer Gänze wird in Christus geschenkt, dem Urheber und Vollender unseres Glaubens, wie der Hebräerbrief schreibt. Der Kult in seiner Gänze ist in dem einzigen Opfer Christi vollendet, und die ganze Mystik besteht darin, Christi Leben in uns zu vollenden" (Mystik, S. 90).

Freundschaft mit Jesus Christus

Die christliche Gotteserfahrung ist nicht nur die Teilnahme an der Gotteserfahrung Jesu, sondern sie neigt sich hin zu seiner Person, ist Freundschaft mit ihm. Darin kommen alle großen Theologen, die meist auch als Heilige verehrt werden, überein. Der wahre Beginn des Christseins und damit auch die erste Bedingung zur Überwindung der Krise in der Kirche „ist die Liebe zu Jesus Christus. Diese Liebe macht den Christen aus (...). Das wird sich nie ändern" (*Krise zum Heil?*, S. 43). In diesem personalen Glaubensverständnis sieht de Lubac Origenes, Bernhard, Augustinus, Thomas, Möhler, Newman usw. übereinstimmen. Es ist ein Personalismus, „dem die

ersten Apostel, namentlich der Apostel Paulus, huldigten und den so viele Heilige, so viele einfache Christen ohne intellektuellen Dünkel gelebt haben" (*Krise zum Heil?*, S. 44).
Diese christologische Ausrichtung war für de Lubac vor aller theologischen Reflexion zunächst Glaubenserfahrung. Die Ordensspiritualität der Jesuiten half ihm sich einzuüben in die Freundschaft mit Jesus.
Hierher gehört eine besondere Beziehung zum Namen Jesu, dessen Fest am 1. Januar das Namensfest der Jesuiten ist. Von hierher erklärt sich noch einmal tiefer de Lubacs freudig bemerkte Beobachtung, daß (lange vor Bernhard von Clairvaux und Bernhardin von Siena) bereits Origenes eine spezifische Namen-Jesu-Frömmigkeit kennt, wenn er etwa bei der Auslegung des Buches Josua die erste Erwähnung des Namens feiert und unterstreicht, daß in der biblischen Überlieferung kein Sünder diesen Namen getragen hat (vgl. *Geist aus der Geschichte*, S. 75).
Christliche Mystik hat also nichts zu tun mit einer „Flucht nach innen", vielmehr geht es um Verinnerlichung der Nachfolge Jesu.

Geistig-mystische Schriftauslegung

Historiker verwenden viel Mühe darauf, das alttestamentliche Hohelied als orientalische Liebeslyrik mit einer unbefangenen Sicht von Liebe und Sexualität wiederzugewinnen, es als nichts anderes als solche Lyrik auszuweisen und es vor den vermeintlich entstellenden Interpretationen der geistlichen Tradition zu retten.
Ausgestattet mit den Unterscheidungskriterien der Lehre vom vierfachen Schriftsinn kann und muß die literarische Herkunft dieser Texte aus dem profanen Bereich jederzeit anerkannt und zugegeben werden. Doch wird bereits eine geschichtliche Hermeneutik auf die Tatsache stoßen, daß die Texte ihren kanonischen Rang allein dem Umstand verdanken, daß sie bereits in biblischer Zeit in einem auch übertragenen

Sinne verstanden wurden als Ausdruck der liebenden Beziehung zwischen Jahwe und seiner Braut, dem Volk Israel.

Und so lag es in der Linie des biblischen Schriftverständnisses, wenn die christlichen Kommentatoren in den Texten des Alten Bundes die Beziehung der Seele zu Christus meditierten und daraus Nahrung für den Glauben empfingen. Gewiß handelt es sich bei diesen Auslegungen um alles andere als um historisch-kritische Kommentare. Wenn der hl. Bernhard von Clairvaux an jeden einzelnen Vers aus dem Hohelied ausführliche geistliche Betrachtungen knüpft, dann nimmt er den Text als Ausgangspunkt für die Darlegung seiner geistlichen Erfahrung. Aber diese Auslegungen wollen auch keine Schriftkommentare sein und machen solche auch gar nicht überflüssig. Noch einmal die Mahnung de Lubacs: keine falschen Alternativen! Die Theologie und mit ihr die Kirche braucht beides. Bei aller Notwendigkeit der historischen Forschung beraubt sie sich einer wertvollen Quelle ihrer Spiritualität und Mystik, wo sie diese Zeugnisse der geistlichen Tradition geringachtet (vgl. Die Kirche, S. 317f.).

> **Hl. Bernhard von Clairvaux** (1090–1153): bedeutendster Theologe und Mystiker des Zisterzienserordens, von 1115 an Abt in Clairvaux. Das 12. Jahrhundert gilt als das bernhardinische Zeitalter. Von den Schriften Bernhards ragen heraus *Von der Gottesliebe* sowie die mystisch-allegorischen *Predigten zum Hohelied der Liebe*. Vollständige Ausgabe: Bernhard von Clairvaux: *Sämtliche Werke* lat.-dt., 10 Bde., 1990 ff.

Am Fest der Darstellung des Herrn 1931 legt de Lubac seine Ordensgelübde ab. Die Haltung, in der er den Weg der besonderen Nachfolge geht, kommt zum Ausdruck in dem Gebet *Suscipe* (nimm an), das der hl. Ignatius formuliert hat und das die ignatianische Mystik zusammenfaßt:

> *Nimm hin, o Herr, meine ganze Freiheit.*
> *Nimm an mein Gedächtnis, meinen Verstand,*
> *meinen ganzen Willen.*
> *Was ich habe und besitze, hast du mir geschenkt.*
> *Ich gebe es dir wieder ganz und gar zurück*
> *und überlasse alles dir,*
> *daß du es lenkst nach deinem Willen.*
> *Nur deine Liebe schenke mir mit deiner Gnade.*
> *Dann bin ich reich genug und suche nichts weiter.*

LESETIPS UND KURZTITEL

Erste Begegnung mit Henri de Lubac

Einen Rückblick auf sein Leben und Werk gibt:
HENRI DE LUBAC, *Meine Schriften im Rückblick*, 1996 (*Mémoire sur l'occasion de mes écrits*, 1989, 2. Aufl. 1992) (Kurztitel = **Rückblick**).

Zum Zweiten Vatikanum und seiner Wirkungsgeschichte schreibt de Lubac:
HENRI DE LUBAC, *Krise zum Heil? Spannungen in der Kirche nach dem Konzil* (*L'Eglise dans la crise actuelle*, 1969), 1970.

HENRI DE LUBAC, *Zwanzig Jahre danach. Ein Gespräch über Buchstabe und Geist des Zweiten Vatikanischen Konzils* (*Entretien autour de Vatican II*), 1985 (Kurztitel = **Zwanzig Jahre danach**).

Henri de Lubac im Portrait

Das Gesamtwerk im Überblick des besten Kenners bietet:
HANS URS VON BALTHASAR, *Henri de Lubac. Sein organisches Lebenswerk*, 1976 (Kurztitel = **Balthasar**).

ANTONIO RUSSO, *Henri de Lubac*, 1994 (in italienischer Sprache).

Zum Einstieg in die Lektüre Henri de Lubacs

HENRI DE LUBAC, *Glauben aus der Liebe. „Catholicisme"* (*Catholicisme. Les Aspects sociaux du dogme*, 1938), 1970. 3. Aufl. 1992 (1. Aufl. 1943 unter dem Titel *„Katholizismus als Gemeinschaft"*) (Kurztitel = **Glauben aus der Liebe**).

HENRI DE LUBAC, *Credo. Gestalt und Lebendigkeit unseres Glaubensbekenntnisses* (*La foi chrétienne. Essai sur la structure du Symbole des Apôtres*, 1970), 1975.

HENRI DE LUBAC, *Glaubensparadoxe* (*Paradoxes suivi de nouveaux paradoxes*, 1959), 1972 (Kurztitel = **Glaubensparadoxe**).

HENRI DE LUBAC, *Geheimnis, aus dem wir leben* (*Paradoxe et Mystère de l'Eglise*, 1967), 1968 (Kurztitel = **Geheimnis**).

Werke Henri de Lubacs zu einzelnen Themen

HENRI DE LUBAC, *Die Freiheit der Gnade. I. Das Erbe Augustins* (*Augustinisme et Théologie moderne*, 1965), 1971; *Die Freiheit der Gnade. II. Das Paradox des Menschen* (*Le Mystère du Surnaturel*, 1965), 1971 (Kurztitel = **Freiheit der Gnade I** und **II**) [Enthält die Quintessenz von **Surnaturel**].

HENRI DE LUBAC, *Auf den Wegen Gottes* (*Sur les chemins de Dieu*, 1956), 2. Aufl. 1992 (Kurztitel = **Auf den Wegen Gottes**).

HENRI DE LUBAC, *Über Gott hinaus. Tragödie des atheistischen Humanismus* (*Le Drame de l'humanisme athée*, 1944), 1984 (Kurztitel = **Tragödie**).

HENRI DE LUBAC, *Corpus mysticum. Kirche und Eucharistie im Mittelalter* (*Corpus mysticum. L'Eucharistie et l'Eglise au Moyen Age*, 1944), 1969, 2. Aufl. 1995 (Kurztitel = **Corpus mysticum**).

HENRI DE LUBAC, *Die Kirche. Eine Betrachtung* (*Meditation sur l'Eglise*, 1953), 1968 (Kurztitel = **Die Kirche**).

HENRI DE LUBAC, *Geist aus der Geschichte. Das Schriftverständnis des Origenes.* (*Histoire et Esprit. L'intelligence de l'Ecriture d'après Origène*, 1950), 1968 (Kurztitel = **Geist aus der Geschichte**).

HENRI DE LUBAC, *Typologie. Allegorie. Geistiger Sinn. Studien zur Geschichte der christlichen Bibelhermeneutik* (*L'Ecriture dans la tradition* [1966] u. 3 Aufsätze, abgedruckt in *Théologies d'occasion*, 1984), 1999 (Kurztitel = **Typologie. Allegorie. Geistiger Sinn**) [Quintessenz von *Exégèse médiéval*].

HENRI DE LUBAC, *„Du hast mich betrogen, Herr!" Der Origenes-Kommentar über Jeremia 20,7.* (*„Tu m'as trompé, Seigneur!" Le commentaire d'Origène sur Jérémie 20,7*, 1979), 1984 (Kurztitel = **Du hast mich betrogen**).

Studien über Henri de Lubac

MICHAEL FIGURA, *Der Anruf der Gnade. Über die Beziehung des Menschen zu Gott nach Henri de Lubac*, 1979.

MARTIN LENK, *Von der Gotteserkenntnis. Natürliche Theologie im Werk Henri de Lubacs*, 1993 (Kurztitel = **Lenk**).

RUDOLF VODERHOLZER, *Die Einheit der Schrift und ihr geistiger Sinn. Der Beitrag Henri de Lubacs zur Erforschung von Geschichte und Systematik christlicher Bibelhermeneutik*, 1998.

Eine vollständige Liste der Veröffentlichungen de Lubacs bis zum Jahre 1974 enthält KARL HEINZ NEUFELD/MICHEL SALES *Bibliographie Henri de Lubac S.J. (1925–1974)*, 1974. Ergänzungen bis zum Jahre 1989 in: HENRI DE LUBAC, *Théologie dans l'histoire, II. Questions disputées et résistance au nazisme*, 1990, 408–420. Eine Gesamtbibliographie ist in Vorbereitung.

Die ***kritische Gesamtausgabe de Lubacs*** gibt heraus: Association Internationale Cardinal Henri de Lubac, 128, rue Blomet, F-75015 Paris.